安倍晋三総理が闘った

朝日と文春

花田紀凱

産経セレクト

S-028

はじめに

これが朝日新聞なのだ

こんな形で安倍晋三総理とお別れするとは夢にも思わなかった。

最後にお会いしたのは5月13日。憲法改正の話をしていただいた。その後、2度ほど電話でお話しした。

昭恵さんとは1週間ほど前、産経新聞の沢辺隆雄論説副委員長、元社会部記者の将口泰浩さん、わが社の顧問・宮城晴昭さんたちと、昭恵さんの店「UZU《うず》」で会食した。

いつも通り、明るく、楽しいはじけるような笑顔の昭恵さんだった。

奈良県立医科大学附属病院に駆けつけた昭恵さんは、心肺停止状態の安倍さんに「晋ちゃん！　晋ちゃん！」と必死に呼びかけていたという。

そのシーンを思い浮かべる度に涙が出てくる。

なぜ、こんなことに。

あれから、安倍さんのことを思わない日はない。

哀しい。

そして悔しい。

日本は、いや世界はかけがえのない人を失った。

それにしても……。

朝日新聞をはじめとする無責任なメディアには本当に腹立たしい思いが湧いてくる。

第1次政権の時から、どれだけ安倍総理にいわれなき批難を浴びせ、貶め続けてきたことか。

そして亡くなった翌日、7月9日の午前6時、朝日新聞デジタルはこんな記事を掲載した。

タイトルは、

〈森友・加計、桜…「負の遺産」真相不明のまま　安倍元首相が死亡〉

そこには銃撃されて亡くなった一国の宰相に対する一片の哀悼の気持ちも、敬意もない。

こんな時に、平気で、こんな記事を書く記者、何の注意もせず、それをそのまま掲載するデスク、編集長。

これが朝日新聞なのだ。

9日朝刊、1面に社説を持って来て、「民主主義の破壊許さぬ」と題して、凶行を批難し、テロを批判している。

〈私たちはそのつど、卑劣な行為への憤りを分かち合い、屈することなく、ひるむことなく、ともかくも自由な社会を守ってきた。〉

安倍総理の政治家としての評価には一切触れていない。触れたくなかったのであろう。

ちなみに産経は「卑劣なテロを糾弾する　計り知れぬ大きな損失だ」と、きちんと安倍総理を評価している。

朝日は「礼節」を学べ！

しかし、若宮啓文《よしぶみ》論説主幹が「安倍叩きは朝日新聞の社是」と言い（朝日と若宮氏は否定）、社内では「安倍の葬式はうちで出す」と言っていたという朝日新聞の「反安倍」はそんななまやさしいものではなかった。

森友、加計や、桜を見る会に関する数え切れない偏向報道で、当然、そんなことはわかっていなくてはいけなかったのに甘かった。

朝日新聞はどこまで安倍総理を貶めれば気が済むのか。

7月16日、朝日新聞「朝日川柳」欄。

書き写していても怒りに震える。

選ばれたのは七句。

〈疑惑あった人が国葬そんな国〉

〈利用され迷惑してる「民主主義」〉

〈死してなお税金使う野辺送り〉

〈国葬って国がお仕舞《しま》いっていうことか〉

〈動機聞きゃテロじゃ無かったらしいです〉

〈ああ怖いこうして歴史は作られる〉

そして☆印の優秀賞は、

〈忖度《そんたく》はどこまで続く　あの世まで〉

掲載された七句全部が安倍総理の死、国葬をおちゃらかしている。

そこには一国の総理、それも銃撃されて亡くなった総理に対する、一片の同情もないし、哀悼の気持ちも感じられない。ただただ安倍総理とその死を貶めているだけで、ユーモアやセンスのカケラも感じられない。
隣の「かたえくぼ」欄まで悪乗りして、
〈国葬
あれもこれも葬る場
――新解釈辞典〉
繰り返すが、こんなものを朝日新聞の幹部、編集局長や社長が許しているのか。安倍総理と親しかったと言われている曽我豪編集委員はどう思っているのか。ぜひ伺ってみたい。
16日だけではない。前日15日の同じ「朝日川柳」欄も同様だった。
〈銃声で浮かぶ蜜月政と宗〉
〈銃弾が全て闇へと葬るか〉
〈去る人の濁りは言わず口閉ざす〉
〈これでまたヤジの警備も強化され〉
選者の「西木空人」はむろんペンネーム。実は栗田亘元論説委員だ。社会部出身で、1995年から2001年にかけては「天声人語」を担当。2000本近く書いたというから、朝日の中ではその文才を評価されていたのだろう。

「天声人語」と言えば、よくも悪くも朝日新聞の看板コラム。初期の内藤湖南、長谷川如是閑《にょぜかん》から始まって、戦後は嘉治隆一、荒垣秀雄、入江徳郎、深代惇郎など、賛否は別として、皆、それなりの識見を持ち、それなりの文章家だった（と思う）。

余談だが、この「天声人語」、入試によく取りあげられるため高校などでも、読むことを奨めている。朝日新聞では「天声人語」の書き写しで語彙が増え、文章力がつくと、天声人語学習用ノート（242円）なんてものまで売っている。

こんなノートで「天声人語」ばかり書き写していたら、朝日的人間になることは間違いない。

朝日の深謀遠慮か？

話を戻すと、栗田氏、漢文に関する著書も何冊かある。著書の中には『リーダーの礼節』（小学館刊）なんて本まで。こんな時に、こんな川柳ばかり選んで掲載する人物が「礼節」とはちゃんちゃらおかしい。

自らの著書でも読み返して、もう少し「礼節」を学んだらどうか。

ぼくが、今、週刊誌の編集長なら

ここから事態は妙な方向に展開していく。

朝日新聞、しんぶん赤旗などが先頭に立って7月末頃から、メディアがいっせいに旧統一教会（現・世界平和統一家庭連合）叩きに突っ走ったのだ。

テレビ、ワイドショーは言わずもがな、週刊誌、特に二大週刊誌とも言うべき『週刊文春』と『週刊新潮』までもが毎週のように旧統一教会叩きを始めた。

そして朝日新聞などが盛んに書き立てたのが、旧統一教会と政治家のつながりである。

旧統一教会のパーティーに出席したのがケシカラン。旧統一教会から献金を受けたのがケシカラン（と言っても実際にはパーティー券を一、二枚買っただけ）。選挙の手伝いをしてもらったからケシカラン（公明党なんかもっと大々的に創価学会員が選挙活動をしているではないか）。ひどいのは旧統一教会系の新聞『世界日報』の取材を受けたからケシカラン。

何よりかにより、そんな統一教会系団体のイベントにビデオメッセージを寄せた安倍総理はケシカラン。だから殺されても仕方ない。とはさすがに書かないが、そういった空気を醸成したことは確かだ。

そんなことを言えば、あのイベントにはトランプ前大統領もメッセージを寄せているのだ。朝日新聞はトランプ前大統領になぜメッセージを寄せたのか問い質してみろ。まさにメディアスクラム。

週刊誌も「統一教会の闇　自民党工作をスッパ抜く！」(『週刊文春』8月4日号)、「底なし政界汚染　安倍元総理と『統一教会』ズブズブの深淵《しんえん》」(『週刊新潮』8月4日号)から始まって、最もひどかったのは『週刊新潮』9月1日秋初月増大号。「地獄へ落ちる『岸田〝統一教会〟政権』　やっぱりズブズブ　教祖『文鮮明ファミリー』とお友達『萩生田政調会長』の嘘・嘘・嘘」。

統一教会の大幹部と〝お友達〟というのだが、フェイスブックで「友達申請」があったのを承認しただけのことで、しかもフェイスブックの管理は事務所スタッフがやっているという。相手は旧統一教会伝道教育局の副局長といっても、これで「お友達」「ズブズブ」と書かれては萩生田光一政調会長もたまったものではあるまい。

政治家が旧統一教会系の団体で挨拶した、選挙の時に応援してもらった、挨拶に行った。それのどこが悪いのか。

本来ならメディアは謎の多いあの銃殺事件の真相を追うべきだろう。週刊誌ならなおさらだ。

実に情けない。

新聞やテレビなど大メディアの報道に、ちょっと違うんじゃないか、こういう見方もあるのでは、と異を唱え、チェックするのが、週刊誌、雑誌メディアの果たすべき役割ではないか。

ぼくは『週刊文春』の編集長を務めていた6年の間に（88年～94年）、大小取り混ぜて70数回、朝日新聞を批判した（と『ダカーポ』の永野啓吾編集長が調べてくれた）。

ぼくが、今、週刊誌の編集長なら、現在の朝日新聞やワイドショーの旧統一教会叩きの危うさ、おかしさを突く。

たとえば旧統一教会と政治家の関係についてなら、米子市の伊木隆司市長のインタビューを掲載する。

過去2回、米子市内の施設で開かれた旧統一教会の集会に来賓として出席、挨拶したことをメディアにとがめられて、伊木市長、フェイスブックでみごとに反論しているのだ。

「市長という立場は、私の支援者であろうとなかろうと、思想信条がどうであろうと、市民であれば話も聞くし、市政報告を求められれば行うこともありますし、それを私の政治姿勢としています」

「悪質な商法が問題ということであれば、消費者契約法に基づいて、適切に司法の手続が行われるべき」

「仮に過去に犯罪歴があったとしても、社会復帰を支援する更正保護活動については、行政としても力を入れているところですので、過去の犯罪歴だけで差別することもありません」

「教団側に過去、悪質商法のトラブルがあったことは認識していますが、現時点で国政や警察の側で何等かの措置が取られてない以上、米子市民の皆様の集会に出席することに問題はないと考えています」（伊木隆司氏フェイスブックより抜粋）

朝日新聞などのメディアに追及されてオタオタし、逃げ回っている自民党の政治家たちも、このくらいのことを言えばいい。

茂木敏充幹事長あたりが、この伊木市長の言葉を借りて会見で、堂々と主張すればいいのだ。

朝日と文春

つい先日、若いジャーナリストのインタビューを受けた（基本的に時間さえあれば、ぼくはどんなインタビューでも受けることにしている。自分も人様の話を聞いて商売にしているのだから)。

彼がこう言った。

「ハナダさんはかつて『週刊文春』の編集長だった頃、統一教会批判やってたじゃないですか。ところが、今の月刊『Hanada』は統一教会擁護、なぜなんですか」

むろん、当時、統一教会は霊感商法(ちなみにこのネーミングは共産党による)や合同結婚式で問題があったから批判したのである。

現在の統一教会にそれほどの問題があるのか。

あれば当然、取り上げるべきだが、このところ朝日新聞や『週刊文春』『週刊新潮』が取りあげている件は20年以上前のケースが多い。

2009年にコンプライアンス宣言してからは統一教会も変わりつつある。

現に被害者弁護団への相談件数も明らかに減っている。新聞や週刊誌もほとんど報道していない。2005年頃、1000件を超えていた相談件数もここ数年は100件前後に減っていた。このことは朝日新聞でさえ報じている。

週刊誌なら、相談の内容、相談件数のうち、何件が裁判に持ち込まれ、相談者側が何件勝ったのか。取材してその数字を示す。相談に来た人数だけでは、献金、霊感商法の実態はわからないではないか。

安倍総理を貶めるためなら、信教の自由もへったくれもない、朝日新聞。
逆に言えば安倍総理の存在が、それだけ大きく、そのことが歴史的に定着すること
を朝日新聞は怖れているのだろう。
それを一生懸命サポートしている『週刊文春』『週刊新潮』。
繰り返すが、情けない。
国葬儀で世界の要人が多数来日して、安倍総理の功績を称える。朝日新聞は、その
ことに我慢ならないから「国葬」反対キャンペーンを張っているのだろう。
今は安倍総理を安らかに眠らせてあげることだけを願う。
中曽根康弘元総理が言ったように、政治家は「歴史法廷の被告」なのだ。
いずれの日か、「歴史」が安倍総理の功績を高く評価するだろう。

ついでだから、朝日新聞と文藝春秋について、もう少し。
かつて、朝日新聞と文藝春秋の蜜月時代というのは確かにあった。
戦後間もない1949年6月号「天皇陛下大いに笑う」という座談会で大ヒットを
飛ばし、会社を立て直した池島信平『文藝春秋』編集長（後に社長）と『週刊朝日』を
100万部にして名編集長と謳われた扇谷正造氏は盟友で、よく行きつけの銀座の

バーで飲み、かつ語っていたという。

古き良き時代だ。

この稿を書くにあたって調べてみると、意外なことに長い間、『文藝春秋』できちんと朝日新聞を批判した記事はほとんどなかった。

初めて正面切って朝日新聞を批判したのは1975年10月号、加瀬英明さんの「最近朝日新聞紙学」（このタイトルは杉村楚人冠の『最近新聞紙学』をパクった）。田中健五編集長時代で、ぼくが担当。

当時の広岡知男社長を批判していたオーナーの村山於藤《おふじ》（藤子の本名）さんにインタビューしたことを思い出す。広岡社長も小僧っ子扱いだった。

以後、1982年11月号「教科書誤報事件」で主として朝日新聞を批判した香山健一さん（当時学習院大学教授）の「新聞記者の倫理を問う」、1985年2月号「朝日新聞『毒ガス写真』誤用事件」くらいが主なものだ。

『文藝春秋』が積極的に朝日新聞批判を始めるのは1969年オピニオン誌『諸君！』を創刊してからである。

1980年7月号、清水幾太郎の核武装論「核の選択——日本よ国家たれ」を掲載した号は完売。これを機に保守系論壇誌としての地位を固め、創刊以来の朝日新聞批

ぼくの時代のことは先に書いたが、『週刊文春』にとって、朝日新聞批判は大きな柱のテーマだった。

最近でこそ産経新聞が頑張って少しは改善されたが、日本の大新聞は相互批判をほとんどやらない。週刊誌の果たす役割は小さくなかった。

だからこそ、『週刊文春』（『週刊新潮』も）には頑張ってほしいのだ。

安倍総理の功績と潔白

それにしても、2度の在任中、朝日をはじめとするメディアによる執拗《しつよう》な批難の洪水。

平和安全法制、特定秘密保護法の時には、「戦争に巻き込まれる」と大合唱。山口二郎法政大学教授には「おまえは人間じゃない。叩き斬ってやる！」とまで言われた。そして、森友・加計・桜を見る会……。

安倍総理はよくも耐えてきたものだ。

たとえば2017年都議選の時、秋葉原で安倍総理が「こんな人たちに負けるわけにはいかない」と発言した問題。

「自由な言論を封ずるのか」

と批難されたが、あれは、事前に場所取りをして、総理の演説中、大声を出して妨害していた連中を指していたことは明らかだった。

なのに、メディアは、総理があたかも、一般聴衆に対して、そう言ったかのように批難し続けた。

こんなことを書き連ねても詮ない。

最後に。

安倍総理の死を悼んで各国首脳がただちにコメントを出した。

アメリカではホワイトハウスに半旗が掲げられ、イギリスのエリザベス女王は天皇陛下に追悼のメッセージを送った。インドのモディ首相は「安倍氏に深い敬意を表し、7月9日は全国的に喪に服す」と発表。ブラジルのボルソナロ大統領は即座に3日間の服喪を宣言した。

トランプ前大統領は「世界にとってとても悪いニュースだ。歴史は彼がどれだけすばらしい人物でリーダーであったかを教えてくれるだろう。彼は皆を一つにまとめられるまたとない人物であるが、なによりも偉大な日本という国を愛した人物だった。彼のような人は二度と現れないだろう」と追悼のメッセージを寄せた。

台湾では「台北101」の壁面に8日夜、安倍総理への追悼メッセージが表示され、

11日に公的機関で半旗を掲げた。ブータンは9日を追悼の日とし、国内各地や大使館などで半旗が掲げられた。

そして米上院は7月20日、安倍総理の功績をたたえる追悼決議案を全会一致で採択。安倍総理を「世界の自由と繁栄、安全を促進するとともに、権威主義や専制に対抗する今後数十年の日米協力の礎を築いた偉大な友人」と称賛、「一流の政治家であり、民主的価値のたゆまぬ擁護者」だったとした。

ところが肝心の日本では「前例にない」云々で、やっと11日になって半旗が掲げられることになった。

国葬は当然だと思うが、朝日新聞は社説で3回、天声人語でも、毎日新聞は社説で5回も反対を表明した。

国会前で国葬反対のデモまでやっている。

日本はいったいどんな国になってしまうのか。

安倍晋三総理が闘った**朝日と文春**◎目次

本書は1996年2月7日から夕刊フジで連載中の「天下の暴論」、2005年4月2日から産経新聞で連載中の「花田紀凱の週刊誌ウォッチング」を元に再構成しています。各項目冒頭に夕刊フジ、産経新聞の掲載日を明記。肩書きや数字などは当時のものです。

装丁　神長文夫＋柏田幸子
ＤＴＰ製作　荒川典久
帯写真　産経新聞社

序章　安倍元総理批判のための報道

ふと気づくと安倍元総理のことを考えている

2022・7・16

一週間がたったけれど、まだ安倍晋三元総理の死を受け止められない。

次号、月刊『Hanada』の「追悼大特集」のための原稿を依頼していると思わず、嗚《お》咽《えつ》を漏らしそうになる。

『週刊文春』（7月21日号）、『週刊新潮』（7月21日風待月増大号）は山上徹也容疑者の人となり、事件の動機に焦点を。

「安倍元首相暗殺　伯父が告白150分　山上徹也『父の自殺』と母の統一教会1億円」（『文春』）

「元総理射殺犯『呪われた一家』の全履歴　自殺の連鎖が生んだ『安倍＝統一教会』歪《ゆが》んだ憎悪」（『新潮』）

両誌とも弁護士資格を持つ父親の兄、つまり山上容疑者の伯父に話を聞いて、その話が中心だが、「150分」というだけあって、『文春』の方が圧倒的に中身が濃い。

警備の失態についても両誌取り上げているのだが甲乙つけ難い。

「SP機能せず『魔の3秒』…『警察庁長官』は責任を取らなくていいのか」（『新潮』）

「検証　警備2人の元警視総監が驚く『5つの失態』」（『文春』）

5つの失態とは（1）演説場所の選定（2）交通規制をかけなかったこと（3）警護員が安倍元総理の背後を警戒していなかったこと（4）2発目発砲までの約3秒、（警護の）誰も安倍元総理に駆け寄っていないこと（5）後方に立っていた警護員と安倍元総理の間に2メートルほど距離があったこと。

この点は既に新聞などでも報じられているが、警備の失態は徹底的に究明すべきだろう。

『ニューズウィーク日本版』は表紙も安倍元総理で「安倍晋三暗殺の衝撃」10ページの大特集。

河東哲夫氏（同誌コラムニスト、元外交官）のリポートの止めに共感。

〈安倍元首相、長い間本当にご苦労さまでした。首相の考えたこと、成し遂げたことが、きちんと、つまり特定の政治勢力に利用される形でなく、記録に残され、後世に伝えられることを望みたい〉

それにしても……ふと気づくと安倍元総理のことを考えている。

櫻井さんの「安倍愛」。それが、また悲しい

2022-7-23

一読者として考えてみる。安倍晋三元総理暗殺事件に関して、週刊誌で今、どんな記事を読みたいか。

・山上徹也容疑者の詳しい履歴。
・統一教会とはどんな宗教か。
・統一教会と政治のつながり。
・政界はどうなる。

こんなところだろう。

事実、各誌とも、この4点を中心に編集しているのだが、どの週刊誌を読んでも、これぞ、という記事がない。

そんな中では『週刊新潮』(7月28日号)、櫻井よしこさんの「私が見た人間『安倍晋三』の飾らない素顔」(「日本ルネッサンス」拡大版)。櫻井さんの「安倍愛」が伝わる。それが、また悲しい。

もう一本、同誌、里見清一さん（日本赤十字社医療センター化学療法科部長）の連載コラム「医の中の蛙」。

〈安倍晋三元首相が凶弾に斃《たお》れた次の日、ご自宅の前に詰め掛けた報道陣に対して、安倍事務所から熱中症対策として飲み物が届けられた。昭恵夫人の見せた心遣いに記者から賞賛の声があがったそうだ。「昭恵夫人は以前から気配り上手であり、安倍夫婦はどちらも気さくな性格で、現場の記者からは人気があった。安倍夫妻は、実際に会うと誰もが惚《ほ》れこんでしまうような、人間的な魅力に溢《あふ》れていた」なんてコメントもついていた。ついこの間まで、「モリカケ・桜」問題含めて、昭恵さんに対しても稀代《きたい》の悪女だのワーストレディだのと罵詈《ばり》雑言が飛んでいたのが嘘のようだ〉

で、里見さんの結論。

〈しばらくは「政治家・安倍晋三」の評価については、差し控えた方が良いと思う。何事によらず、頭に血が上った状態で判断を下すべきではない（中略）掌をくるくるひっくり返すのに忙しいメディアも少しばかり黙って、今は静かに哀悼の意を表すべき時である〉

胸がすく。

『ニューズウィーク日本版』（7・26）の特集は「中国経済2030」（本文では「中国

経済を待つ『2030年の罠《わな》』）。中国経済の今後を「1人当たり国民所得」と「人口動態」に着目して分析。恐るるに足らず？　いえ、結論は〈油断は禁物だ〉。

山上容疑者は単なる殺人犯だ

2022-7-30

話が妙な方向に逸《そ》れてきた。

安倍晋三元総理を射殺した、山上徹也容疑者の母が統一教会信者だった。多額の寄付で山上容疑者が統一教会に恨みを持った。統一教会は悪。選挙で応援してもらった議員はケシカラン。

テレビのワイドショーが例によって大騒ぎ。『赤旗』が張り切っている。

たかだか現在の信者は10万人（8万人とも、教会側発表は60万人）、多額の献金をしているわけでもない。選挙ともなれば、その程度の組織でも、反対に回られるよりは。それだけの関係だろう。

共産党の志位和夫委員長はツイッターで「〝何が悪いのか〟と開き直りを始めた」と

書いているが、実際「何が悪いのか」。

統一教会の名称変更問題もそうだ。じゃ、新聞はその時（平成27年）に反対キャンペーンでも張ったのか。

で、今週の週刊誌。

『週刊文春』（8月4日号）の右柱が「統一教会の闇　自民党工作をスッパ抜く！」、左柱が「安倍元首相暗殺　山上徹也の570日」。

『週刊新潮』（8月4日号）「底なし政界汚染　安倍元総理と『統一教会』ズブズブの深《しん》淵《えん》」。

両誌ともワイドショーレベル。「闇」とか「深淵」はオーバー。

『サンデー毎日』（8・7）「スクープ　山上容疑者『伯父の激白50分』」。すでに『文春』『新潮』が先々週号でインタビュー、詳しく報じている。スクープでもなんでもありゃしない。

『週刊朝日』（8・5増大号）で、両親が統一教会の信者だったという女性が、こう語っている。

〈「山上容疑者の行為は擁護できませんが、彼の気持ちに共感できるという2世は多い」〉

山上容疑者は単なる殺人犯だ。

ついでだが『朝日』、「『円預金』だけで大丈夫か?」とか「モテる定年1年生になる!」とか、完全に老人誌化の方向に舵《かじ》を切ったらしい。

『ニューズウィーク日本版』(8・2)、2本のスペシャルリポート。「世界の大都市を水没から救え」「熱波リスクが貧困層を襲う」

これこそ、今週読むべき記事だ。

まるで魔女狩りだ

2022-8-6

まるで魔女狩りだ。

新聞も週刊誌も統一教会(現在は世界平和統一家庭連合)と政治家のつながりを探し出し、躍起になって批判している。

が、政治家が宗教団体とつながりを持つことがそんなに悪いのか。統一教会が、政治にそれほど影響を与えてきたのか。

違和感を拭えないでいたら、『サンデー毎日』（8・14）で石戸諭さん（ノンフィクションライター）も、こんな指摘を。

〈選挙運動を手伝ったり、政治家のパーティー券を買ったりと政界とのつながりは現在もある（中略）だが、つながりがあることと、影響があることはまったく別の問題である〉

無論、統一教会が法に触れる活動をしているなら、厳しく批判すべきだ。

全国霊感商法対策弁護士連絡会によると、統一教会に関する相談は、平成29年から令和3年までの5年間で約590件。被害総額は約55億円にのぼるという。が、これはあくまで相談件数。

新聞や週刊誌は、なぜ、この20年、統一教会や政治家を厳しく批判してこなかったのか。もう少し冷静な報道、分析を期待する。

『週刊文春』（8月11日号）の右柱「安倍派と統一教会　癒着の核心」も、「徹底解剖」という割にはそんな期待には応えてくれていない。

『週刊新潮』（8月11・18日夏季特大号）の「『統一教会』と『政治家』を監視　『警視庁公安部』封印された『捜査ファイル』」も古い話ばっかり。

この「捜査ファイル」なるものが、いつ作成されたものかについては、書かれていない。

今週も週刊誌を読んでフラストレーションがたまる一方だが、『ニューズウィーク日本版』（8・9／16）の大特集を読んで、ほっとした。

「世界が賞賛する日本の暮らし」。

安倍晋三元総理銃撃事件で〈日本の「安全神話」が揺らいだという報道が続いた〉が、外国人はどう見ているか。

「子供が自由に街を歩けるニッポンの不思議」「米大使が太鼓判　日本の鉄道は世界最高！」など13本。

『文春』が新聞、テレビの尻馬に乗って

2022・8・13

『週刊文春』『週刊新潮』は毎週同じ木曜発売で、例年なら夏の合併号も同じ日に出るのだが、なぜか今年はズレている。『新潮』は先週が合併号で、『文春』は今週が合併号。

その『文春』（8月18・25日夏の特大号）、今週もトップは統一教会。

「統一教会の大罪　安倍晋三元首相と統一教会全内幕」

15ページもの大特集だ。

メインの話は第一次政権退陣後の2012（平成24）年4月、安倍元総理が、昭恵夫人たちとともに高尾山に登った。

中に〈保守系シンクタンクを標榜《ひょうぼう》する「世界戦略総合研究所」〉の事務局長がいたということ。〈この組織は統一教会の関連団体だった〉

同研究所筆頭理事の加藤幸彦氏も〈「我々が企画した」〉と証言している。

しかし当時、安倍元総理は、

〈側近の今井尚哉（後の首相補佐官）らと毎年のようにこの山に登り、捲土《けんど》重来を期していたのだ。

たいした話ではあるまい。

併載されている石井謙一郎氏（フリーライター、元『文春』記者）のリポート「統一教会の嘘を暴く　献金極秘文書」はよくデータを集めているが、基本的には10年以上前の話。

『文春』が新聞、テレビの尻馬に乗って統一教会叩きに熱中は情けない。

『週刊ポスト』（8・19／26）は「安倍晋三元首相と旧統一教会2世　禁断の関係」。「禁断」はオーバーだが、安保法制に反対して脚光を浴びた「ＳＥＡＬＤｓ（シールズ）」に対抗して、〈現役東大生4人が〉〈「国際勝共連合　大学生遊説隊　ＵＮＩＴＥ（ユナイト）」〉を結成した（16年1月）という話は初耳。

〈ＵＮＩＴＥは参議院選（16年）前にも2度の一斉演説や6大都市でのデモ行進を行なった後、17年に「勝共ＵＮＩＴＥ」と名前を変更し、活動はいまも続いている〉が、ぼくの周辺の編集者やメディアの人間に聞いても、「ＵＮＩＴＥ」のことは誰も知らなかった。

新聞、テレビ、週刊誌は安倍元総理批判のために統一教会の力を意図的に過大評価しているのではないか。

第1章　安倍総理と朝日新聞

執拗な〝安倍叩き〟のワケ

2012・9・12

朝日新聞が『WiLL』（編集注／花田紀凱責任編集当時）の記事を引用して社説を書くなんて、前代未聞のことだ。

取り上げられたのは10月号の安倍晋三元総理と作家百田尚樹さんの対談。

もっとも例によって『WiLL』の誌名は一切出さず、「月刊誌」とのみ。『WiLL』の記事を使って商売しているのだから、誌名くらいきちんと出すのが礼儀だろう。だいいち読者に不親切だ。

が、この9月7日付の社説がひどい。さっそくの「安倍叩き」なのだ。

タイトルは「安倍元首相　思慮に欠ける歴史発言」。

「新生・自民党として、河野談話と村山談話に代わる新たな談話を閣議決定すべきだ」

「首相に返り咲けば（靖国神社に）いずれかのタイミングで参拝したいと考えている」

などの発言を捉え、

〈首相経験者、さらには首相再登板をねらう政治家として、思慮に欠ける発言といわ

ざるをえない〉

と断じ、結論は、

〈自分なら近隣国との外交をこう前進させるという展望を、しっかり示す責任が伴う。その覚悟なしに持論にこだわるなら、一国の政治指導者として不適格だ〉

むしろ野田佳彦総理にぶつけてほしい言葉ではないか。

それにしても、安倍元総理が総裁選への出馬を表明する前から、もう「安倍叩き」が始まったわけだ。

恐るべし朝日の執念。

きっかけは２００５年1月。ＮＨＫ「慰安婦国際法廷」の番組に対し安倍晋三、中川昭一両代議士が「内容に偏向がある」とＮＨＫの幹部を呼んで指摘した。これは政治介入だと朝日は両代議士を厳しく批判した。

ところが両代議士もＮＨＫも政治介入を否定。朝日は証拠の開示を拒否し、「介入」の事実を立証できなかった。中川代議士には明確なアリバイも。

朝日の露骨な「安倍叩き」が始まるのはそれ以後だ。

ことに異常だったのは07年7月、安倍政権の末期。７月だけでも、なんと15本、安倍政権を批判する社説を掲げた。

「参院選公示　『安倍政治』への審判だ」（12日）
「政治とカネ　おかしいぞ、首相の理屈」（14日）
「参院選、自民惨敗　安倍政治への不信任だ」（30日）
「首相の続投　国民はあぜんとしている」（31日）などなど。

まさに袋叩きというにふさわしい報道ぶりで、明治時代の小新聞並み。とても公平・公正な報道とは言えなかった。

そして今回の安倍叩き。

それにしても朝日はなぜこれほど「安倍叩き」に狂奔するのか。

最近出版された小川榮太郎さんの『約束の日　安倍晋三試論』（幻冬舎）を読んでその理由がわかった。

中に三宅久之さんのこんな証言が。三宅さんがある時、朝日の若宮啓文論説主幹（現主筆）に聞いたという。

「朝日は安倍というといたずらに叩くけど、いいところはきちんと認めるような報道はできないものなのか」

それに対して若宮主幹はこう答えた。

「できません」

「何故だ？」

「社是だからです」

主幹・主筆と言えば朝日を代表する人物。そんな立場の人間が、堂々と「安倍叩き」を「社是」だと言って憚らない。

朝日は堕ちるところまで堕ちた。

朝日・毎日は総理の言葉に反論できまい

2013・12・11

７日の朝刊が配達され、朝日と毎日を見たら、「琉球新報」か「沖縄タイムス」かと思った。

朝日が1面白ヌキ大見出しで「秘密保護法が成立」。社会面を開くと見開きほとんど全面をつぶして、これも白ヌキ大見出し「反対あきらめぬ　戦中に戻すな」。

一方の毎日は1面が「秘密保護法成立　与党強行」。社会面がこちらも見開きで「民主主義危うく　反対言い続ける」。むろんこちらも白ヌキだ。

第三次大戦でも起こったか、ぐらいの大騒ぎだ。1本の法律で、いきなり戦中に戻るはずもあるまい。

2007年、沖縄集団自決に関して軍命令はなかったということがはっきりしたため、教科書の記述から削除した。これに対し9月29日検定撤回を要求して県民大会が開かれ、翌9月30日「琉球新報」「沖縄タイムス」が、今回の朝日、毎日と同じようにでかでかと「11万6000人結集」「11万人結集」と見出しを打ったのだ。

ところが、テイケイ株式会社の高花豊会長が指示して社員が写真を拡大して数えてみると、実際の人数は2万人以下だった。

要は5倍も水増しして報道していたのだ。

今回の秘密保護法成立に関する朝日、毎日の報じ方を見ると、あの時の「琉球新報」「沖縄タイムス」そっくり。

大見出しだけではない。

中身を読むと、これも完全な偏向報道で「深夜の攻防　国民の声よそに」(毎日)、「国民同士監視　怖いんだ」「怒り　列島包む」(朝日)。

で、紙面に紹介された〝国民の声〟は
「国民が『見ざる、聞かざる、言わざる』となった太平洋戦争の前夜のようだ」

「昼夜を問わず、国民から反対の声が上がっていたのに、信じられない」（以上朝日）
「『何が秘密か秘密』だなんてまるで戦時中のよう」
「言いたいことも言えなかった戦時中みたいになるのではないかと思う」
「これから、知る権利が制限された息苦しい世の中になるのかと思うと、恐ろしい」
（以上毎日）

こんな声はデモに参加したごく一部の声に過ぎないことは新聞記者なら先刻承知だろう。

60年安保を思い出す。

あの時、当時の岸信介首相は「国会周辺は騒がしいが、銀座や後楽園球場はいつも通りである。私には〝声なき声〟が聞こえる」と言った。結果的には岸首相の行動、言ったことが正しかったこと、当時の朝日をはじめとする新聞、テレビが間違っていたことは歴史が証明したではないか。

産経新聞は、７日の朝刊に「安倍晋三首相　特定秘密保護を語る」という夕刊フジ記者によるインタビューを掲載した（夕刊フジは６日に独占インタビューを掲載）。

安倍総理は秘密保護法の必要性、報道の自由、表現の自由を侵すものではないことを丁寧かつ、具体的に説明している。

朝日、毎日はなぜ、こういうインタビューを載せないのか。

中で安倍総理はこう嘆いている。

「メディアや野党が戦争と結びつけるのは、昭和35年の日米安全保障条約改定時もそうだったし、平成４年の国連平和維持活動（ＰＫＯ）法案審議のときもそうで、いつもなんですね」

反省なき朝日、毎日は総理のこの言葉に反論できまい。

朝日は「人民日報」か

2022・2・9

始まった北京冬季五輪、開会式は意識的に見なかった。

競技も見る気がしない。

習近平国家主席がどう言い繕ったって、新疆ウイグル自治区、香港、南モンゴルで中国がやっていることを知れば、「ジェノサイド五輪」と呼ぶのがいちばんふさわしい。

ヒトラーのベルリン五輪とよく比較されるが、ヒトラーはベルリン五輪の時は、まだ大々的にホロコーストに手を染めていなかった。習近平主席は現在、ただいま、ウイグルでジェノサイドを続けているのだ。

アメリカのポンペイオ前国務長官もツイッターでこう言っている。

「北京での冬季五輪は、ジェノサイド五輪として語られることだろう。中国西部（新疆ウイグル地区）で起きていることは、大量虐殺にほかならない」

しかし、日本の大手メディアは、早くも、金メダルだ、世界新だと浮かれている。

日本の新聞で、開会式の5日に、ハッキリ「この大会は歓迎できない」と社説（「主張」）で書いたのは産経新聞だけだ。

〈大会そのものは歓迎できない。深刻な人権問題を抱える中国の首都が「平和の祭典」の開催地にふさわしくないからだ。〉

返す刀でＩＯＣのバッハ会長をバッサリ。

〈（バッハ会長は）大会は「国際社会の強い支持を受けている」と評価した。耳を疑った。〉

習近平主席が「大会の成功は、中華民族の偉大な復興への自信を強める」と訓示したことについても、

〈「アーリア民族の優秀性」を誇示すると位置付けた１９３６年のベルリン五輪を想起

する。〉

胸のすく思いだ。

さすが産経。

それにひきかえ、情けないのは朝日新聞（わかりきった話だが）。1面に中国総局長が寄稿。

〈北京でも選手が主役として輝き、世界が見失っているものに気づかせてくれることを期待したい。〉

朝日新聞はこと中国となるとどうしてこう腰が引けるのか。ふやけたことを言ってるんじゃない！

やっと国会で成立した対中人権決議の時もそうだった。

中国という国名も出さず、「非難決議案」が「決議案」に、「人権侵害」も「人権状況」に変えられた。こんな決議案なら出さない方がましと言うべき決議案に対し、朝日の社説はこう書いた（2月3日）。

〈本来なら、懸念は率直に伝えたうえで、実際の人権状況の改善につながるよう、粘り強く働きかけを続けるのが採るべき道ではないか。〉

懸念はイヤというほど伝わっているだろう。習近平中国は、それを一切、無視しているだけだ。

そして朝日社説はこう結論づけた。

〈決議は、人権問題は「一国の内政問題」にとどまらないとうたった。ならば、日本国内の人権問題の改善も必要で、国連の人権理事会や米国務省の人権報告書などからの指摘も真摯に受け止めねばならない。入管施設での外国人の処遇には問題が多く、外国人労働者らを守る制度も不十分だ。部落差別など解消されていない課題も多い。〉

かつて雑誌『諸君！』が「朝日新聞は日本のプラウダか？」と題した対談を掲載したことがある。この社説を読んで、言いたくなった。「朝日は『人民日報』か！」

朝日の執念

2022-5-18

朝日新聞が、なぜ、そんなに憲法改正反対に拘り続けるかがわからない。

現在のウクライナの惨状を見て、何も思わないのか。

ウクライナが侵攻を受けたのは1994年のブダペスト覚書で、ウクライナが核を放棄したからに他ならない。

当時、ウクライナは１２４０発の核弾頭と１７６発の大陸間弾道ミサイルを所有する世界第3位の核保有国だった。

経済危機に陥っていたウクライナは当時、米ロの圧力に抗する力がなかったとはいえ、現在の惨状を見れば、当時の関係者は悔やんでいるに違いない。

「米英、ロはウクライナの領土的統一と国境の不可侵を保証する」

こんな「覚書」、今や紙クズ以下だ。虚しい。

さすがに、ウクライナの惨状を目の当たりにし、日本国民の意識も変化しつつある。

朝日新聞が5日3日の憲法記念日を前に実施した世論調査でも――。
・憲法を変える必要がある56％
・変える必要はない37％
昨年の同じ調査では、変える必要がある45％、変える必要はない44％だったのだから、ウクライナ侵攻が影響していることは間違いあるまい。

同じ調査で「ウクライナ侵攻を受けて日本と日本周辺にある国との間で戦争が起こるかもしれない不安を以前より感じるようになったか」と聞くと、なんと80％が「感じるようになった」と答えている。国民の方が、朝日新聞より、よほどまともではないか。

それにしても「周辺にある国」?!　なぜ中国と書かないのか。

にも拘わらず朝日新聞は全くブレない。5月3日の紙面は9条守れ、憲法改正反対の論調に貫かれていた。

3ページにわたる〝憲法特集〟では、江藤祥平一橋大学准教授が、〈9条は、改憲したい人たちが主張するような、お花畑の理想論に甘んじたわけでは決して〉なく、日本が国際社会で名誉ある地位を占めることができたのには〈9条という規範は十分すぎるほどの効力を発揮してきました〉。

だから、〈ウクライナ侵攻を奇貨として日本の武力増強を説くのは、歴史を逆行しています〉。

社会面でも満州から引き揚げた体験者のインタビュー。

〈侵略戦争への反省と肉親を失った経験から、9条は「世界の宝」と思ってきた。ロシアの侵攻を目の当たりにする今も、その気持に変わりはない〉

極め付きは2ページの意見広告だ。

〈改憲させない！　私たちは非戦を選ぶ〉と大見出し。

賛同数は1万1127件というが、この連中には、ウクライナの惨状が目に入らないのだろうか。
ブチャの虐殺、アゾフスターリ製鉄所に閉じ込められた一般市民、負傷した兵士たちの映像を見ても何も感じないのだろうか。
16日の「記者解説」という欄で世論調査部の記者が、3日の世論調査「変える必要がある」について〝解説〟している。
「変える必要がある56％」とはいえ、
〈「専守防衛」の方針については、「今後も維持するべきだ」68％〉
〈非核三原則についても「維持すべきだ」77％〉
9条を〈「変えないほうがよい」が59％〉
で、記者の結論は、
〈9条と自衛隊のいずれに対しても「現状維持」を世論は望んでいる〉
朝日の執念、恐るべしと言うべきか。

第2章　安倍総理は未知のウイルスと闘っている

毎週、毎週、安倍政権批判ばっかり

2020・3・14

新型コロナウイルスのせいで日本中がなんとなく暗い気分。毎週木曜『週刊文春』の新聞広告を見ると、ますます気分が落ち込む。

初期対応で不手際はあったかもしれない。現場の混乱も確かだろう。しかし、政府、安倍政権は必死に未知のウイルスと闘っているではないか。

なのに毎週、毎週、安倍政権批判ばっかり。野党よりもひどい。

今週（3月19日号）もトップは「大特集　コロナ恐慌　安倍官邸錯乱す」。

内容といえば今井尚哉首相秘書官が〈独断専行〉とか、菅義偉官房長官が〈政策決定ラインから遠ざけられた〉とか、中・韓からの入国制限を聞いた二階俊博幹事長が〈「こんなの、めちゃくちゃだ！」〉と怒鳴ったとか、ま、政界ゴシップレベルの話。

『文春』だから、それなりの裏付けはあるのだろうが、今、読者がそれほど知りたい情報ではない。

〈「最近の安倍首相の様子からは、疲労の色が滲《にじ》んでいます」〉（官邸関係者）

今、安倍総理に代われる政治家がいるのか。責めるばかりが、メディアの役割ではあるまい。

ついでに書くと、「櫻井翔　裏切りの『二股愛』」とか「妻『不倫相手』の〝告白〟志らくは『お前が誘った』と逆上した」とか、取材班が何日も、何週間も張り付いて取材した〝スクープ〟なのだろうが、相手は芸能人、もう放っといてやれよという気分。

『週刊新潮』（３月19日号）大特集「見えない敵との闘い」３本立て。「『コロナ』大恐慌」「『コロナ禍』に今なお７つの疑問」「『新型コロナ』との正しい付き合い方」

読者の関心に応えているという意味では、『文春』より真っ当だ。

『ニューズウィーク日本版』（３・17）は今週も読み応えがある。大特集が「感染症vs人類」12ページ（コラムを含めると17ページ）。

先週も取り上げた國井修氏（グローバルファンド〈世界エイズ・結核・マラリア対策基金〉戦略投資効果局長）の「人類と感染症、闘いと共存の歴史」は極めて有益なリポート。保存版だ。

「安倍さんは辞めざるを得ない」

2020・4・4

『週刊朝日』（4・10増大号）で小泉純一郎元総理が〈独白60分〉「小泉純一郎氏が最後通告『安倍さんは辞めざるを得ない』」。

読んでみるとタイトルほどのインパクトはない。新型コロナウイルスに関しては〈現役に任せます〉。原発ゼロについては相変わらずの主張で聞き飽きた。

コロナ国難のこんな時期に必死に頑張っている総理を第三者的に口撃。元総理であり、今でも自民党員だろう。言いたいことがあるなら、先輩として直接、安倍総理に忠告したらいいではないか。

立場をわきまえていただきたい。

さすが『ニューズウィーク日本版』（4・7）。大特集「コロナ危機後の世界経済」。日本の現状からいうとちょっと早い気もするが充実の内容だ。

ニコラス・ワプショット氏（ジャーナリスト、元同誌オピニオンエディター）の「コロナ危機後に激変する世界経済」が示唆に富む。今回のコロナ不況は、

〈10年間にわたり経済活動が低迷し約１５００万人が仕事を失った、１９３０年代の世界大恐慌に匹敵する〉

どうすればいいのか。政府が介入するしかない、と氏は言う。

〈人は破産するが、国は違う。困ったら、国債をどんどん発行して手持ちの資金を増やし、必要な支払いをすればいいだけだ〉

〈ただ、政府が税収を超える支出をすると、通貨の価値が下がり、物価上昇が起こる。それでも、政府の無理な支出が不可避的にインフレを引き起こすまでの間には、一定のタイムラグがある。その間に、政府は多くの対策を実行できる。

ケインズは自分の理論が「最終的には」インフレをもたらすと批判する人たちに対して、「最終的には、私たちはみんな死ぬ」と言い返したとされる〉

『週刊文春』『週刊新潮』（ともに4月9日号）、志村けんさん追悼記事（3月29日死去）、よく間に合わせた。『文春』が、いとこ、身の回りの世話をしていた家政婦、30年診てきた主治医など当事者の話を取っているのはさすがだ。

今はそんなことをあげつらっている場合か

2020・4・25

今週も『ニューズウィーク日本版』（4・28）が他誌を圧倒している。

大特集「日本に迫る医療崩壊」は國井修氏（グローバルファンド〈世界エイズ・結核・マラリア対策基金〉戦略投資効果局長）のスペシャルリポート7ページをはじめ、「市場原理が生んだ人工呼吸器の欠乏」「切り札ECMOの過酷な現実」「『命の選別』を強いられるアメリカの苦悩」など今、読者がいちばん知りたいことに応えてくれる充実の内容だ。

他にも世界的エコノミスト9人が語る「ポスト・コロナの世界経済はこうなる」「無関心が招いた中国のWHO支配」など、同誌本文64ページのうち30ページ以上をコロナ問題にあてている。

サインペンで赤線を引きながら読んでいたら、赤線だらけになってしまった。

『週刊新潮』（4月30日号）では石高健次さん（ジャーナリスト）の「クルーズ船112人治療で『院内感染』ゼロ！『自衛隊中央病院』はなぜ奇跡を起こせたのか」に注目。

クルーズ船の〈乗客は70代が中心〉〈その半分近く（48％）に基礎疾患があった〉。

それでいながら「院内感染ゼロ」はまさに〈世界レベルでの〝奇跡〟〉だ。

同病院感染対処隊診療部新型コロナウイルス感染症対応チームのリーダー、田村格《かく》・1等海佐が語る症状悪化の察知、重症化を避けるためのポイント。

〈「無症状・軽症の感染者も、CT検査にかけるようにしていました。その際、異常が認められるものが約半数に上ったが、それらの多くは、単純なレントゲンでは指摘されないようなケースが多かった」〉

〈「高齢者ではSpO2（血中酸素飽和濃度）の低下、若年層では頻呼吸、すなわち呼吸数が増えること」〉

医療従事者の参考になろう。

『週刊文春』（4月30日号）は相も変わらず「安倍晋三首相　妻も政府も制御不能！」と安倍叩き。しかも内容は今回もほとんどが匿名コメントの政界ゴシップレベル。今はそんなことをあげつらっている場合ではなかろう。

田原さん、遅過ぎます！

2020・5・9

ゴールデンウイーク合併号の続き。

『週刊朝日』（5・8—15合併号）のワイド特集で都民ファーストの会の初期メンバー3人のうちの一人（その後離党）、上田令子都議が小池百合子都知事に苦言。

〈「テレビCM、YouTube動画、都バスや地下鉄の広告などあらゆる場所で小池さんの名前と顔が目に入りました。7月5日投開票の都知事選間近だというのに、まるで公費を使った選挙運動」〉

テレビCMに限っても、

〈小池氏が登場する15秒のCMは5種類あり、民放6局で4月9日から15日までの1週間で約600本放映された〉

コロナウイルスに乗じ、石原慎太郎元都知事が財政改革でためたカネをジャブジャブ使って自らの選挙運動をやっているわけだ。

同じ『週刊朝日』の連載コラム「田原総一朗のギロン堂」で田原さん、読者が安倍叩きに関心を示さない、と嘆いている。

〈国民は、というより世界中の人たちが恐怖の中で、どうすれば身を守れるのか、と全身全霊で闘っている。そうした人々にとって、もちろん私も含めてだが、今現在の安倍首相叩きの氾濫は、いささか無神経に思えるのではないだろうか〉

田原さん、遅過ぎます！

『週刊現代』（5／2・9GW特大スペシャル合併号）のトップは「新型コロナウイルス禍なぜ日本の死者数はこんなに少ないのか」。まさに〈いま本当に知りたいこと〉に違いない。

①クラスター対策が成功したから⑤BCGの予防接種を受けているから⑧日本人の生活習慣――など9つの仮説を検証しているのだが、意外だったのは⑨日本語の特性。〈「日本語はほとんど口を動かさずに話せる言語」（京都府立医科大学特任教授の藤田佳信氏）〉だから〈欧米諸国の人が使う言語より唾が飛びにくい〉。

結局、なぜ死者が少ないのかはわからなかった。

それにしても外出自粛下で、各誌、取材の大変さが思いやられる。

「42万人死亡推定」の説明、2回読んでも

2020-6-6

相変わらず『ニューズウィーク日本版』の特集はタイムリーだ。今週（6・9）は「検証　日本モデル」。「新型コロナで日本のやり方は正しかったか？」に真正面から取り組んでいる。

まさに、今、いちばん知りたいことではないか。特に西浦博北海道大学大学院医学研究院教授の特別寄稿「『8割おじさん』の数理モデル」はいちばん期待した。

だが、「42万人死亡推定」の数理モデルや統計モデルの説明、2回読んでも正直、よくわからなかった。

西浦教授自身、〈もちろん、これは「何も対策をしない」という、現実にはあり得ないシナリオであり〉、〈「接触の削減を徹底すれば実際にはかなり低く抑えられる可能性がある」「少しでもこの数を減らすために皆で対策をするほうがいい」というメッセージが上手に伝えられなかったと感じている〉。

要は政治の判断材料ということ。

「日本のコロナ対策は過剰だったのか」という西浦教授と國井修氏（グローバルファンド〈世界エイズ・結核・マラリア対策基金〉戦略投資効果局長）の対談で國井氏はこう言っている。

〈アウトブレイク（感染症の突発的発生）はうまく抑えても、抑えられなくても批判されるものだ。大流行もなくうまく抑えれば、「（介入を）やり過ぎだ」と非難され、大流行したら「何をやっている」と言われる。政策決定者もそれを助言する者も、批判されることが多いのは世界共通〉

『週刊新潮』（6月11日号）は今週も小池百合子都知事批判。「『小池知事』驚嘆の『風を読む』力」。このしつこさこそ『新潮』の真骨頂と言うべきか（やられる方はたまったもんじゃないだろうが）。

〈仮にセーリングの選手になっていたら、小池百合子都知事は、かなりの好成績を残せたのではないだろうか。風をたくみに読みながら洋上をジグザグに進む力において、彼女にかなう選手など想像もつかない〉

ついでだが、第2波に備え『新潮』編集部33人が抗体検査を受けたが、〈全員が〝陰性〟〉だったそうだ。

『週刊文春』（6月11日号）、相も変わらず、何が何でも安倍叩きで、うんざり。

『週刊文春』、相も変わらぬ安倍叩き

2020・6・27

『週刊新潮』(7月2日号)、鮮やかな変わり身の早さだ。

今週号、右柱が、「北朝鮮暴発で日本に火の粉」、左柱が「『原監督』常軌を逸した『賭けゴルフ』」。

それにひきかえ、『週刊文春』(7月2日号)、相も変わらぬ安倍叩きと渡部建、多目的トイレ不倫の続報。

『新潮』の「北朝鮮暴発――」は死亡説まで囁《ささや》かれる金正恩《キム・ジョンウン》氏に代わって存在感を増す妹の金与正《キム・ヨジョン》氏をクローズアップ。

李相哲龍谷大学教授の分析。

〈「(南北共同連絡事務所爆破は)一時的に鬱憤を晴らせても現状を打破するにはまったく意味のない政治行為です。彼女が致命的なのは軍隊経験がないこと。北の最高指導者はすなわち軍の最高司令官。120万人の軍人が司令官として認めるのはかなり厳しい」〉

となると、軍のクーデター、内乱も考えられ、難民、核の暴発など〈日本にとっては不安が尽きない〉。

巨人・原辰徳監督の賭けゴルフ。告発者は十数年前から一緒にラウンドしてきた50代の男性。〈「１００万円近くが動いていました」〉というから、黒川検事長のマージャンどころの話じゃない。

むろん、原監督も巨人軍も全面否定だが、告発男性の話は具体的かつ詳細で、嘘とは思えない。

『文春』のトップは「安倍『亡国のイージスアショア』当初から『迎撃不能』防衛省『秘密文書』入手」。

昨年3月下旬、防衛装備庁職員らがロッキード・マーチン社を訪問、上司へ報告書を上げた。その報告書に「イージス・システムのレーダーに射撃管制能力は無い」と書かれていたというのだが。

イージスアショア停止に関しては『新潮』のコラムで櫻井よしこさんが紹介している佐藤正久議員の言葉に尽きよう。

〈「北朝鮮から核攻撃を受ける危険と、ミサイルを打ち上げるブースター、1・8メートル程の空のタンクですが、これが落下してくる危険を同列に論じる点がそもそも間

違い」〉
『ニューズウィーク日本版』（6・30）の特集「中国マスク外交」も一読を。

昭恵夫人の善意につけ込んだ、嫌な記事

2020・7・18

表紙に台湾デジタル担当相オードリー・タンをもってきた『ニューズウィーク日本版』（7・21）の大特集「台湾の力量」は同誌には珍しくタイミングをハズした。台湾のコロナウイルス押さえ込み成功については既に各種メディアで報じられている。

それより注目は比較政治学者マルガリータ・エステベス・アベ（米シラキュース大学准教授）の「日本の勝因は高齢者施設」というリポート。〈医学・疫学の専門家とは違う視点から「日本モデル」を再考〉。

〈170万人以上が高齢者施設に入所・通所している世界一の高齢化社会である日本で、施設での集団感染が少ない〉

コロナによる死亡者のうち高齢者施設での感染を比較すると、ドイツ39％、〈コロナ対策で評価が高い韓国でも〉34％に対して日本は14％。

〈また、施設にいる高齢者のうち何％がコロナで亡くなったかという数値に換算すると、ドイツが０・４％、スウェーデンが２・８％、イギリスが５・３％、スペインが６・１％であるのに対し、日本は０・01％にも満たない〉

理由としては早期の面会禁止、外出制限、職員による予防策などではとアベ准教授は推測している。

『週刊ポスト』（７・24）では「小池父娘の実像を知る男」、浜渦武生氏（元東京都副知事）に独占インタビュー。

浜渦氏は石原慎太郎氏の盟友で、かつて小池百合子都知事の父、勇二郎氏の選挙を手伝ったこともある。この辺は石井妙子氏の『女帝　小池百合子』（文藝春秋刊）に詳しい。この本、必読。

浜渦氏の小池知事評。

〈メディアは彼女の言うことが虚偽だとしても、改めようとしません〉〈今の彼女は、メディアが作り上げた〝虚怪〟〉

その通りだ。なぜ大新聞、テレビは彼女の学歴詐称疑惑を追及しないのか。

『週刊文春』（7月23日号）のトップ「森友自殺職員妻に安倍昭恵夫人が『人を信じられない』」は昭恵夫人の善意につけ込んだ、嫌な記事だ。

総理をいたわる気持ちはないのか

2020・8・22

総理がちょっと体調を崩したとなると大騒ぎする新聞、テレビ、週刊誌、そして野党。

2月以来147日間、1日も休まず、先行きの見えない正体不明の武漢ウイルス対策に取り組んできた総理をいたわる気持ちはないのか。「少しはお休みください」のひと言くらいなぜ言えないのか。

『週刊文春』（8月27日号）は早速、「安倍『眠れない』年内退陣Xデー」。匿名の政治部記者などの談話をつないで、安倍晋三総理の体調不良や、菅義偉官房長官批判を。

しかし「本誌直撃に担当医が〝衝撃の一言〟」というのは、〈医師団の一人を直撃〉

したら、こんな返事が返ってきたというだけ。

〈──ＧＣＡＰ（顆粒球吸着除去療法）を行ったのか。

「ＧＣＡＰですか。それをやったか、やっていないかは何とも申し上げられない」〉

どこが〈衝撃の一言〉なのか。

『週刊新潮』（8月27日秋初月増大号）のコラム「安倍総理『吐瀉《としゃ》物に鮮血』の緊急事態！」の方が、同じ匿名情報ながらやや踏み込んでいる。

心配だ。

それより、立憲民主党の枝野幸男代表、総理に「国会で健康状態を説明しろ」と要求しているが、首脳の健康状態は国家機密というのは常識だろう。

『週刊現代』（8／22・29）はトップで「医師１００人アンケート　専門家会議も学者もマスコミも政治家も信用できない今『いったい誰の言うことを信用していますか？』」

「日本の新型コロナウイルスの流行はいつ収束すると思うか」の回答。

〈年内３％　来年前半11％　来年後半19％　２０２２年９％　それ以降も続く58％〉

「自分が新型コロナに感染するのは怖いか」への回答。

〈怖い59％　怖くない41％〉

「コロナの女王」岡田晴恵氏の評価。
〈評価する18％　評価しない82％〉
『ニューズウィーク日本版』（8・25）の大特集「コロナストレス長期化への処方箋」は絶妙なタイミングだと思ったが、やや期待外れ。

ここまで書いたら「首相辞任の意向」の第一報

2020・8・29

戦後一貫して、いや大正11年の創刊以来、穏健な保守派路線を貫いてきた文藝春秋発行の『週刊文春』が、朝日新聞とともに、安倍叩きに狂奔しているのは嘆かわしい限りだ。

一国のリーダーの〝体調不良〟だから、メディアが追うのは当然。しかし、扱い方というものがあるだろう。

『文春』（9月3日号）「安倍晋三13年前の悪夢再び　潰瘍性大腸炎が再発した」。前にも書いたが相手は一国の総理、せめて敬称くらいつけたらどうか。

『週刊新潮』（9月3日号）「『安倍退陣』の瀬戸際」。

『週刊ポスト』（9・4）「安倍首相『本当の容態』」。

結局は「官邸記者」やら「政治部デスク」やらの匿名コメントばっかりで本当のところはわからない。

と、ここまで書いたら、「首相辞任の意向」の第一報。残念だ。

武漢ウイルスに関して5月初め以来、一貫して「騒ぎ過ぎ」という報道を続けてきた『新潮』、今週は6ページの大特集で「あまりに大きい代償！　もうやめてはどうか『コロナ恐怖』煽り」。

要は7月下旬にピークアウトし、〈濃厚接触しないかぎり感染できない病原体〉で〈熱中症のほうがよほど危険〉なのに、日本人は〈実態以上に怖れすぎている〉。

アゴラ研究所の池田信夫所長（経済学者）によると、

〈「英国の大手世論調査会社ユーガブによると、日本では新型コロナが〝怖い〟か〝やや怖い〟と答えた人の割合が、4月以降一貫して70～80％」〉

比べて〈「十数万人が亡くなった米国は60％台、医療崩壊を起こしたイタリアは50％台、同じく英国やスペインは40％台にすぎません」〉。

なぜか。

〈「煽ったほうが視聴率をとれるテレビに踊らされ、新型コロナを〝死の病〟と思い込んだ〝コロナ脳〟の人が多いからです」〉

『Hanada』の今月号でブロガーの藤原かずえさんが書いているように、「羽鳥慎一モーニングショー」など放送法違反ではないか。

安倍総理、ほんとうにお疲れさまでした

2020・9・5

病身にムチ打ち、いわれなき批判を浴び続けながらの7年8カ月、安倍総理、ほんとうにお疲れさまでした。

このくらいのことを、なぜ大メディアは言えないのか。最もひどかったのは毎日新聞。8月30日の社説のタイトルが「『安倍政治』の弊害　民主主義ゆがめた深い罪」。

『週刊文春』（9月10日号）は早速、「二階が牛耳る菅『談合政権』の急所を撃つ」。

政治部デスク、担当記者などのコメント中心のありがちな政局記事。唯一、おもしろかったのは番記者と酒を飲みながら語ったという二階俊博幹事長のコメント。たと

えば二階氏に自派閥のパーティーの講師を依頼してきた石破茂氏について。

〈「向こうは清水の舞台から飛び降りたような気分で来たのかもしれんがな。二、三日前から急に近づいてきたって、全然ダメだ」〉

言いたい放題は続いて、

〈「最近の総裁選は、生徒会長選挙に毛が生えたようなもんだ」〉。

『週刊新潮』（9月10日号）は「日々没する国ニッポン」という11ページの大特集の中で約4ページを割いて「『菅義偉』総理への道」。菅さんの履歴中心の記事だが、おもしろかったのは一時すきま風が吹いていたという横浜の港湾荷役業「藤木企業」会長で「横浜のドン」といわれる藤木幸夫氏との手打ちの話。

記者が「去年のインタビューでは『（菅氏は）安倍の腰巾着』と言っていたが」と聞くと、ドン慌てず騒がず、

〈「いまでも腰巾着ですよ。腰巾着ってのは、すごい褒め言葉なんですよ。腰の巾着だよ。旅に出る時に持っていくんだよ。腰巾着が無くなったら旅は中止だよ」〉。

さすがハマのドンだ。

『週刊朝日』（9・11）はトップが「菅官房長官　総理への『Ｇｏ　Ｔｏ』失速　『大本命』は岸田文雄」で、自らが失速。

『ニューズウィーク日本版』（9・8）では同誌コラムニストのグレン・カール氏が、「安倍が残した日本のレガシー」。〈安倍晋三首相の辞任は（中略）世界中の人々にとって大きな損失〉〈第2次大戦後の日本で最も成果を上げた首相〉と高く評価している。

第3章　朝日新聞という病

朝日経済部長の傲慢エピソード

2021-3-10

「接待」「接待」と喧しい。

編集者というのは人に会うのが商売。人に会っておもしろい話、感動する話、極秘の情報などを聞いたら、それを誌面を通して読者に伝える、それが仕事だ。

「編集者は接客業」だから、しょっちゅう、人とメシを食っている。政治家、官僚、企業人、作家、ジャーナリスト、相手を選ばない。

時にはご馳走になることもあるし、こちらが一席設けることもある。「接待」と言えば「接待」だ。

かつては、一次会、二次会なんてことが当たり前で、一次会を負担してもらったら、「もう一軒つき合ってください」とか言って二次会はこちらで持つなんてことをよくやっていた。

こういう習慣もほとんどなくなった。緊急事態宣言下の今はなにしろ8時に終わりだから二次会もへったくれもない。

新聞などが、あまりに「接待」「接待」と書き立てるから、思い出したことがある。

朝日新聞経済部、『週刊朝日』『ＡＥＲＡ』などで活躍した永栄潔さんが、２０１５年に『ブンヤ暮らし三十六年　回想の朝日新聞』（草思社刊）という本を出した。

「ブンヤ」というのも、もはや死語に近いかもしれないが、駆け出し記者時代からの36年間のエピソードが、実に面白い。永栄さんの人柄の滲み出た好著だった。

その中で驚いた下りがある。

当時、永栄さんは商社担当記者だった。

ある日、某中堅商社の新任広報部長から「経済部長の時間を取ってほしい」と頼まれた。

で、永栄さんが、富岡隆夫経済部長（後『ＡＥＲＡ』初代編集長）に話をつないだ。

すると富岡部長が怒声を発した。

「お前なぁ、朝日を舐めとんのと違うか？　なんで朝日の経済部長が、二流商社の部長に合わんといかんねん！　会いっこないやろ。そいつに言うたれ！　朝日の経済部長は常務以上やないと会わんのやと。あんたもはよぉ常務になれとな」

永栄さんが「時間さえあれば、会うはずだから（富岡）部長に電話するといい」と伝えたと言うと富岡部長、呆れたようにこう返してきた。

「電話すればいい？　よぉそこまでワシを舐めてくれるわ。いい度胸やで。今週も来週もびっちり（予定で）埋まっとんのよ。（会うのは）全部、社長、頭取よ」

「アホか。絶対に会わんからな。何が悲しゅうて二流商社の部長に会わんといかんねん。ほんま、けったくそ悪《わる》」

たしかに、朝日新聞の経済部長に就任すると、1カ月ほど連夜、一流企業の社長との会食が続くと聞いたこともあるから、永栄さんの書いていることは事実なのだろう。それにしても朝日の経済部長ともなると、ずいぶん傲慢なものだと呆れた。文藝春秋の幹部で、こういう傲慢な人はひとりもいなかった。

で、なぜ、永栄さんの本を思い出したかというと、こういう連夜の会食、当然、企業側が支払いをもっている。つまり「接待」に違いないからだ。

まさか割り勘ではあるまい。企業側がそんなことを口にしたら「舐めとんのか」と怒鳴りつけられるのがオチ。

相手は一流企業の社長なのだから、それなりの店だろう。ひとりウン万円はするに違いない。

送りのハイヤーも出してくれようし、おみやげも持たせるだろう。

でも、まぁ、新聞記者には「新聞記者倫理法」もないから、許されるんでしょうね。

朝日の〝アリバイづくり〟

2021・7・28

オリンピックはやはり並の競技大会とは違う。

すべてが感動的だ。

柔道、阿部一二三、詩兄妹の金メダル。内村航平の鉄棒失敗。瀬戸大也の400メートル個人メドレー、まさかの予選落ち。初めて正式種目に採用されたスケートボード金メダル堀米雄斗の若さ……。

勝った選手にも、負けた選手にも、それぞれのドラマがある。

25日産経の1面に作家の江上剛さんが書いていたように、ぼくも、心から「開催してくれてありがとう」と言いたい。

そして、これもその日の産経に斎藤勉さん（論説顧問）が書いていた「『無観客』悔しくてたまらぬ」に全く同感だ。

今からでも遅くない。小・中学生を招いて観戦させたらいい。彼らに、生涯記憶に残る感動を与えるに違いない。

「あの年、コロナ禍で世界中が沈んでいたあの2021年に、ぼくは、私はオリンピックを見たんだよ」

それこそ孫子の代まで、彼らはその感動を伝えるだろう。

なのに――。

許せないのは朝日新聞だ。

開幕直前の7月21日、朝日は1面に坂尻信義ゼネラルエディター兼東京本社編集局長が、「前例なき五輪　光も影も報じます」というタイトルでこう書いた。

〈「平和の祭典」が人々の健康や生命を脅かしかねません。〉

〈「安心、安全」という言葉が繰り返されましたが、説得力はともないませんでした。〉

〈パンデミックのさなかに再延期や中止を選択しなかったことの是非は、問われ続けます。〉

なぜ、この日になって東京編集局長が「光も影も報じます」と書いたか。

朝日はこれまで、散々オリンピック開催に反対してきた。

5月26日には社説で「中止の決断を首相に求める」とまで書いた（なのにスポンサーを降りるとは言わなかった）。

「光も影も報じます」は要はアリバイづくりなのだ。

21日までの朝日は1面トップで（ほとんど2面もつぶして）連日「影」ばかり報じていた。

16日「東京感染『4週間後は２４０６人』」
17日「首都圏『第５波』鮮明」
18日「五輪来日ピーク　危うい バブル」
19日「病院外死亡51人　第４波の警鐘」。
ついでだが1面左は「内閣支持最低31％」。
20日「五輪開会式の曲、一部削除　小山田氏が辞任　過去にいじめ」「南ア選手ら３人陽性　21人濃厚接触」

で21日の「光も影も報じます」になるわけだが、要するに、散々反対してきた東京五輪がいよいよ開かれる。となれば、競技の模様はスポーツ面、社会面で大々的に報じなければならない。

そんなに反対なら、極く地味に扱えばいいだろうに、そうはいかない。感動のドラマも報じたい。

だから、東京編集局長の「光も影も」になったわけだ。

ちなみに、

22日は「『8月上旬に第3波超え』　東京の感染　週平均2660人予測」。23日「開会式演出　小林氏を解任　過去にユダヤ人虐殺揶揄」開会式の24日はさすがに「東京五輪　コロナ下の開幕」だったが、1面左側にちゃんと朝日らしく「熱戦の隣　鳴りやまぬ救急電話」。

あたかも救急病院がコロナ患者で溢れているような見出しだが、〈この日は横浜市内で最高気温33・7度を記録し、熱中症や脱水症状が多い。けいれんした子どもも運ばれてきた〉。

角度をつけるのもいい加減にしろ。

つくづく嫌な新聞だ

2021・8・11

今さらだが、朝日新聞というのはつくづく嫌な新聞だ。

東京五輪が閉幕した翌8月9日の朝刊。1面トップが「東京五輪閉幕」はいい。その隣に「菅内閣支持28％で最低」と世論調査の結果を発表している。

コロナ感染者が増え（五輪とは関係ないのだが）、菅内閣に批判が集まるのを見越して、通常月半ば以降の世論調査を前倒しで実施したのだろう。

散々、紙面で選手の活躍を報じてきたのだから、菅総理以下、関係者の皆さん、ご苦労さまくらいのことがなぜ、書けないのか。

社説も嫌味たっぷり。

産経が「全ての選手が真の勝者だ　聖火守れたことを誇りたい」。読売が「輝き放った選手を称えたい　運営面での課題を次に生かせ」。毎日ですら「古い体質を改める契機に」。

毎日は1面で小坂大東京五輪・パラリンピック報道本部長がこう書いている。

〈1年半も自粛生活を続けた人々にとっては苦しい日々を少しでも忘れられる時間となったのではないか。〉

ところが朝日の社説は「混迷の祭典　再生めざす機に」と題してこう書く。

〈安倍前政権から続く数々のコロナ失政、そして今回の五輪の強行開催によって、社会には深い不信と分断が刻まれた。〉

そして5月26日の社説「夏の東京五輪　中止の決断を首相に求める」について、こう繰り返す。

〈国民の健康を「賭け」の対象にすることは許されない。コロナ禍は貧しい国により大きな打撃を与えた。スポーツの土台である公平公正が揺らいでおり、このまま開催することは理にかなわない。〉

ならば、この社説を書いた朝日新聞論説委員にぜひ伺いたい。10日から開かれる夏の高校野球、あれは国民の健康を「賭け」の対象にしていないのか。参加校約3600、1チーム70人としても25万2000人の選手数は、東京五輪参加選手約1万1092人の約23倍だ。

一部有力校が、全国から有力選手をスカウトしたりしているのは、「公正公平」なのか。

寡聞にして、朝日がこのことを問題にしたのを知らない。

ついでに書いておくと9日の朝日、27ページのうち15ページ強を東京五輪関係の記事、広告に割いている。そんなに批判するなら無視すりゃいいのに。

この日の朝日の東京五輪関連記事でいちばん、まともだったのは、出身地の新潟で聖火ランナーを務めた小林幸子さん（歌手）の「モノクロームな心　選手が色を点けてくれた」というインタビュー記事だった。

〈コロナ禍の1年半、私の心の中の風景はモノクロのままでした（中略）でも、今は違います。五輪を見て、色鮮やかな思い出が、幾つもできました。色をつけてくれたのは選手たち。「ありがとう」。感謝の気持ちでいっぱいです。〉

もうひとつ、五輪で９つの金メダルを獲得したカール・ルイスの言葉を紹介したい（８月８日読売新聞）。

〈それにしても日本はよくぞ大会を開催してくれた。このコロナ禍で、オリンピックを成功させられる国は世界にもほとんどない（中略）無観客でも選手たちは、大会を開いてくれたことに感謝し、いいパフォーマンスを見せようと全力を尽くした。（中略）今大会のヒーローは日本の皆さんだ。〉

朝日も、これくらいのことを書いたらどうか。

恐るべきダブルスタンダード

2021・8・18

雨にたたられて順延された第１０３回全国高校野球選手権大会で、次々と新型コロナ陽性者が出ている。

まず15日に東北学院（宮城県代表）で1人が陽性と判明。選手2人、練習補助員1人、それにチーム と大会本部との調整などを担当する朝日新聞の担当記者1人が濃厚接触者とされた。

ついで16日。今度は宮崎商業（宮崎県代表）で5人の陽性が確認された。濃厚接触者について、保健所の判断が出るまで5人を含めチームは宿舎の個室で待機。保健所の判断を待って緊急対策本部の会議を開き、今後の対応を協議するという。

選手たちには気の毒だが、これこそまさにブーメラン。

というのも朝日新聞は、コロナ感染拡大を助長するとして、東京五輪開催を散々、批判しまくった。

5月26日の社説では「夏の東京五輪　中止の決断を首相に求める」とまで書いた。

ところが、前回も書いたが、参加校3600校、参加選手数は、1校70人として25万2000人、東京五輪参加選手1万1092人の約23倍が参加する高校野球について、朝日はすっとぼけたまま、開催。しかも無観客ではなく両校関係者を入れて。

で、改めて朝日新聞の5月26日の社説を読み返し、ちょっと小細工してみた。

〈新型コロナウイルスの感染拡大は止まらず〉〈緊急事態宣言の再延長は避けられない情勢だ。〉

現在と同じ状況だ。

〈この夏に甲子園（東京）で高校野球大会（五輪・パラリンピック）を開くことが理にかなうとはとても思えない。人々の当然の疑問や懸念に向き合おうとせず、突き進む朝日新聞（政府、都）、大会関係者（五輪関係者）らに対する不信と反発は広がるばかりだ。〉（カッコ内は朝日社説の原文、以下同）。

〈人々が活動を制限され困難を強いられるなか、それでも高校野球（五輪）を開く意義はどこにあるのか。〉

社説子は〈政府、都、組織委に説明するよう重ねて訴えたが、腑《ふ》に落ちる答えはなかった。〉と書いている。

ならば朝日の社長、あるいは論説委員長に今、高校野球大会を開く〈意義〉とやらを〈腑に落ちるように〉説明していただきたいものだ。

ついでだが、これは朝日に限らなかったが、酷暑の夏に五輪を開催するのもＩＯＣ、米テレビ局ＮＢＣの都合だと批判された。

では、なぜ、高校野球は酷暑の夏に開催するのか、これについてもぜひ〈腑に落ちるように〉説明していただきたい。

東京五輪が閉幕した後、８月９日の社説もひどかった。

〈この「平和の祭典」が社会に突きつけたものは何か。明らかになった多くのごまかしや飾りをはぎ取った後に何が残り、そこにどんな意義と未来を見いだすことができるのか。〉

そして、

〈国民の健康を「賭け」の対象にすることは許されない。〉と勇ましい。

ならば、もう一度、朝日新聞に問いたい。高校野球選手の健康を「賭け」の対象にすることは許されるのか、と。

コロナ禍だから、五輪はやめろ、自社主催の高校野球はＯＫ。ダブルスタンダードも極まれりだ。

むろん、奮闘している選手を責めているわけではない。出場校の奮闘を祈る。

第４章

「安倍再登板」の効用

安倍新内閣の効用

2013・1・26

何のかんの言っても、今年になって世の中が前向きになってきたのは安倍新内閣の効用だろう。

株価も上り、円も円安を続け、〝煽りの『現代』〟など早速、「安倍バブル　株も土地もこんなに上がるぞ！」「アベノミクス　中国・韓国を吹っ飛ばす！」「日経平均株価3万円相場も見えてきた」、の3本立てで煽りに煽っている（『週刊現代』2／2）

そんな安倍新内閣のなかで、安倍支持派も首を傾《かし》げるのが、竹中平蔵氏の復活。新設された「産業競争力会議」のメンバーに登用されたのだ。

『週刊新潮』（1月31日号）が手厳しい。「格差で日本を暗くした『竹中平蔵』どの面下げて復活か！」

作家の高杉良氏が憤慨する。

〈「竹中さんは構造改革と称し、日本的な文化を悉《ことごと》く破壊しました。戦後の焼け野原から奇跡の経済復興を成し遂げた原動力は、終身雇用や年功序列を大事にする経営方式でした。だが、過度な競争原理の導入と規制緩和のおかげで、拝金主義のホリエモンや村上ファンドなどを生み出し（以下略）」〉

加えて、

〈「郵政民営化は、地方でも郵便局が無くなるなど、国民にとっては欠くことのできない郵便事業というライフラインをズタズタにしただけです」〉

『週刊文春』（1月31日号）も、大特集「安倍バブルの賢い踊り方」の１本で「アベノミクス最大のリスクは竹中平蔵」。

〈何よりも懸念されるのが、安倍内閣のキーマン、麻生氏との関係の悪さ〉

〈「いずれ麻生をとるか、竹中をとるか、という局面がくるでしょう。それは政局の火種にも」（政治部記者）〉

アルジェリアの事件は週刊誌としては扱いにくいネタだが、『新潮』の「月の砂漠が血に染まった『アルジェリア』の惨劇」は力がこもっている。

『ニューズウィーク日本版』（1・29）の大特集「ポスト中国の世界経済」は必読。

『アサヒ芸能』（1・31特大号）の「中国に宣戦布告した『安倍論文』過激すぎる挑発全容」はスクープだ。

「安倍ノート」

2013-5-4

やっぱり100万部売れただけのことはある。村上春樹、いえ、阿川佐和子さん。『週刊文春』（5月2日・9日ゴールデンウィーク特大号）のトップは「阿川佐和子のこの人に会いたいスペシャル」で、ゲストは安倍晋三首相。現役の首相が週刊誌のインタビューに登場するというのも「文春」の実力だろう。

全体的に品が良く、しかし、読者の聞きたいことをちゃんと聞いているところはさすが『聞く力』。

第1次安倍内閣の失敗について。

〈阿川　こんなこと、政治家になったこともない人間が申し上げるのもナンですが、ゴルフでえらい飛ばし屋（小泉純一郎元総理）の次に打たなきゃいけない感じと似ていたのかなと……。よ～し私も飛ばしてやろうってつい力んで、で、チョロしちゃうようなな（笑）。

安倍　私もそうです（笑）。〉

総理を辞めてからずっとつけていたと言われる「安倍ノート」について。
〈阿川　ノートにどんなことを書いてらしたのか、ひとつだけ教えてください。
安倍　「人事においては情に流されてはいけない」という趣旨のことは書いてますね。〉
「Ｇｒｏｗ　ｏｒ　Ｄｉｅ」「世界同一賃金」を打ち出したユニクロについて『週刊現代』（5／11・18）と『週刊ポスト』（5・17）が揃って特集。
「『ユニクロはブラック企業なのか』私はこう考える」（『現代』）
「ユニクロは『ブラック企業』か『グローバルカンパニー』か」（『ポスト』）
問題とされるのが離職率の高さ。新卒入社社員の50％近くが3年以内に離職しているという。総じて『現代』の方が手厳しい。
〈「まともな会社であれば、たとえ会社側が辞めさせようとしても、実際に辞める社員は1％もいないものです。2～3割ならいいと考えていることそれが、ブラック企業だと自ら認めているということに、なぜ気付かないのでしょう」（元マイクロソフト日本法人代表、成毛眞氏）〉
『ニューズウィーク日本版』（4・30／5・7）「世界を旅する映画ベスト１００」は楽しい好企画。

「『安倍は極右』の誤解はこうして正せ」

2013・10・26

成人し、独立している息子が罪を犯したからといって、親はここまで糾弾されなければならないのか。

酒の飲み方が少々、品格に欠けようが（クラッシュアイスにブランデーをなみなみ注いで一気飲みなど）、17億円の豪邸を建てようが、本人の勝手だろう。

このところ『週刊文春』『週刊新潮』という二大週刊誌が毎週、みのもんた批判を続けている。『文春』はご丁寧にも今号、みのもんた年表まで。

本人は自粛中（にしては軽率な発言も少なくないが）で、検察の処分が決まったら〈「堂々と質問に答えます。みのもんた、どうあるべきかのお話もさせていただきたい」〉（『文春』10月31日秋の特大号）と言っているのだから、出処進退は本人に任せればよかったのではないか。息子のコネ入社まで責めるが、入れた方にもメリットがあってのことだろう。

〈「報道番組で『モラルはどこにいった！』と叫んでいた時点で〝公人〟」（碓井広義・

上智大学教授）〉（『文春』）
〈「ＴＢＳも公共の電波を使用できる特権のもと成り立っています。（中略）彼の名前を冠した番組を放送し続けるのは失当で、放送活動を行う資格はない」（元東京新聞論説委員、飯室勝彦氏）〉（『新潮』10月31日号）

そこまで言えるだろうか。

『ニューズウィーク日本版』（10・29）は大特集「アメリカ経済　危機後の落とし穴」が有益だが、もう１本。「『安倍は極右』の誤解はこうして正せ」

結論だけ紹介する。

〈歴史問題より安全保障政策を優先させ、近隣諸国との対話を目指すべきだろう。そうしてこそ、日本の安全保障政策の転換は強固な国際的支持を得られる〉

『サンデー毎日』（11・３号）で河野洋平氏が作家の森村誠一さんと対談。

「『中国包囲網』は賢明ではない」「官邸への権力集中は危ない」などと安倍総理を批判し、憲法９条を守れと御託を並べているが、産経のスクープで根拠が崩れた「河野談話」についてまず、きちんと釈明すべきだ。

「秘密保護法と妄想報道の罪」

2013・12・21

火のないところに煙がボーボーとはまさにこの記事のことだろう。

『週刊新潮』（12月26日号）のトップは「『安倍アッキー』に沈黙するゴッドマザー『安倍洋子』大噴火5秒前」。

「UZU（うず）」という居酒屋をやったり、「原発ゼロ」を唱えたり、はたまたこの日韓関係厳しい折に韓国大使館でキムチを漬けてみたり、たしかに安倍昭恵さんが総理夫人としてはやや奔放なことはたしかだろう。

が総理自身、「家庭の幸福は妻への降伏」と言って容認しているのだから、ま、いいではないか。

で、ほんとに「大噴火5秒前」なのかと思って読んでみると、かれこれ1カ月前、支援者が洋子さんに「居酒屋（UZU）は、まだやってるんですか」と聞くと、

〈洋子さんは、即座にギロッと目を剝《む》きながら「そうなのよ！」と語気を強めたという〉

これが〈「彼女の昭恵さんに対する本心の窺《うかが》えるエピソード」（支援者）〉だといい、〈今、洋子さんの深層心理では、アッキーへの不満が募りつつある〉というのだが、『新潮』、いつから心理学者になったのか。

混乱のうちに成立した特定秘密保護法だが、朝日、毎日、テレビ各局の偏向報道ぶりは目に余る。

これについては発売中の『WiLL』（花田紀凱責任編集）2月新春超特大号でも詳しく取り上げたが、『ニューズウィーク日本版』（12・24）長岡義博記者の「秘密保護法と妄想報道の罪」が、「保護法」の問題点も指摘しつつ実に行き届いている。

〈「恐怖」ばかりを拡大解釈して大げさに伝え、本来すべき議論を喚起しなかったメディアの責任も重い〉〈国際社会の現実を考えれば、国民の知る権利などの基本的人権を損なわない形で、いかに安全保障体制を強化するかという議論は不可欠〉

まったくその通りだ。

ついに辞任した猪瀬直樹都知事。『週刊ポスト』（1・1／10）佐野眞一さんの特別寄稿「猪瀬直樹君への手紙」、よく書かせたし、旧友佐野さんもよく書いた。必読。

韓国や中国じゃあるまいし

2014・1・11

韓国や中国じゃあるまいし、朝日新聞や毎日新聞が総理の靖国参拝でなぜあれほど大騒ぎするのかわからない。

国のために一命を捧《ささ》げた英霊に哀悼の誠を捧げる、人間として当たり前のことではないか。

『週刊文春』（1月16日号）、『週刊新潮』（1月16日迎春増大号）が早速、特集。

『文春』は「安倍靖国参拝　新聞・テレビが報じない全内幕」と大きく出た割にはさほどの情報はない。

アメリカの「失望」表明については一貫して首相の参拝に積極的だった衛藤晟一首相補佐官がこう批判。

〈「本来、アメリカは同盟国ですから、中韓が内政干渉することの方がおかしい、と言うのが当然でしょう。（中略）オバマ政権の認識はいささかおかしい。相当内政を統治する能力が落ちているのだと思います。アメリカには、日米関係についてもう少し真

面目に考えてもらいたい」〉

『新潮』はいかにものクセ球。「靖国参拝『安倍総理』を暴走させるFacebook『いいね！』」

Facebook（FB）では賛同を意味する「いいね！」が8万件に達し、コメントも1万件以上（95％が肯定的）。

「しかし」、と佐伯啓思京都大学大学院教授がクギを刺す。

〈「ネットの世界での意見表出は、マス・センティメント、大衆的な情緒や気分の表出である傾向が強い」〉〈「政治的リーダーには、時にマス・センティメントと対立し、これを動かさないといけない場面がある。気分や情緒に依存すると、政治が不安定になります。FBに依存している今の安倍総理はどうも危うい。その危険性を自覚してほしい」〉

実は今週、いちばん充実しているのは『週刊ポスト』（1・17）。大特集「小泉がまた動いた！　都知事選には『あの人』を担ぐ」で細川護熙元首相出馬を予測。他にも「日韓対決　42勝8敗で日本の勝ち」、橋爪大三郎氏（社会学者）と與那覇潤氏（歴史学者）の対談「中国とは〝巨大宗教国家〟である」など読み応えがある。

安倍外交、成功と言ってもいいのでは

2014・4・26

銀座の高級すし店、すきやばし次郎での会食で親密さをアピールし、「尖閣諸島は日米安保の適用対象」という言葉をオバマ大統領から引き出し、TPPについては結局、ギリギリのところで譲らず……。

今回の安倍外交、ま、成功と言ってもいいのではないか。

が、『週刊新潮』(5月1日号)は、なんとかケチをつけたいようで、タイトルからして「滞在費2500万円だけではない『オバマ大統領』国賓来日の代償」。

尖閣に関しては完全に読み誤った。

〈「日米共同文書」に入れるべき最も大事な内容は尖閣諸島の防衛である。だが、直前になってオバマ側がこれを拒否してきたという〉

〈「米国側は〝尖閣諸島と書かなくとも、安保条約の適用範囲であることは充分伝わる〟と逃げ、さらには〝中国側を刺激するから〟と拒絶してきた」(外務省担当記者)〉

ま、締め切り日との関係で気の毒な面もあるのだが、限りなく誤報に近い(編集注／

２０１４年４月25日、日米両政府は共同声明を発表。「日米安全保障条約は、尖閣諸島を含め日本の施政下にあるすべての領域に及ぶ。米国は尖閣諸島に対する日本の施政を損なおうとするいかなる一方的行動にも反対する」と明記した）。

韓国、セウォル号の沈没事件は『週刊文春』（5月1日号）も『新潮』もトップで扱っているが、テレビやネットの報道を超える情報は少ない。

事故翌日、朴槿恵《パク・クネ》大統領の電撃的現地訪問に周囲は反対していたという。

〈「現地でのパフォーマンスは怠りなく、家族らに情報を伝えられるよう大画面のテレビを体育館に持って来させたり、男性から電話番号を書いた紙を渡され、後日、実際に激励の電話をかけたりしていた。こんな細かいことを、国のトップがやっている場合ではないでしょう。東日本大震災の際、当時の菅直人総理が福島第一原発上空を視察して、現場を混乱させた様子を彷彿《ほうふつ》とさせました」（ソウル特派員）〉

編集長が浜田敬子さんに代わったばかりの『ＡＥＲＡ』（14・4・28）。トップが「日中韓の歴史教養を知る」だったので読んでみたが、「中国の歴史関係の本を読め」とか「中国各地の戦争記念館に行ってみろ」とか、「韓国併合から45年までの歴史は韓国人のほうが詳しい」とか相も変わらぬ「朝日自虐史観」だ。

「最大の目的は（中略）宏池会政権をつくる」

2014・5・17

日本ABC協会（Audit Bureau of Circulations＝新聞雑誌部数公査機構）による2013年下半期（7〜12月平均）の雑誌販売部数公査が発表された。加盟164誌のうち前年同期を上回ったのはわずか29誌。

月刊誌の雄『文藝春秋』でさえ9・76％減の30万5071部。総合週刊誌もほとんどが部数減だ。

①『週刊文春』46万8910（最新の2021年下半期は25万2453）
②『週刊現代』36万6829
③『週刊新潮』35万0454
④『週刊ポスト』31万9528
⑤『週刊大衆』13万4294
⑥『週刊朝日』11万2600
⑦『週刊アサヒ芸能』10万2460

⑧『AERA』 7万2290
⑨『サンデー毎日』 5万3515
⑩『ニューズウィーク日本版』 4万2121
ちなみに経済誌では
①『日経ビジネス』 21万3241
②『プレジデント』 16万2811
③『週刊ダイヤモンド』 8万4298
④『週刊東洋経済』 6万1160
うちデジタル版はトップの『日経ビジネス』が2万3523部。まだまだだ。

で、今週の週刊誌だが。

『週刊文春』(5月22日号)ワイド特集「スクープ細胞はありまぁす!」(このタイトルには笑った)の1本「『日本よ、ともに中国と闘おう!』ベトナム外務省幹部が本誌に激白」。

ベトナム外務省幹部で「外交学院南シナ海研究所」の副所長グエン・フン・ソン博士のインタビューだが、ワイドの1本ではもったいない。

『週刊朝日』(5・23)のトップは自民党の古賀誠元幹事長インビュー。「安倍自民を叱る『右傾化速すぎ、危険な暴走だ』」

あれこれ安倍政権を批判しているのだが、〈最大の目的は（中略）宏池会の政権をつくる〉では興ざめ。

『週刊アサヒ芸能』（5・22特大号）「『美味《おい》しんぼ』が犯した根拠なき『福島差別』の憤怒全貌！」

結局、雁屋哲氏の「美味しんぼ」、この程度の取材で描かれていたわけだ。

第５章

朝日、落城の夜

中国、韓国の「嫌日憎日」をこそ問題にすべき

2014・3・1

朝日新聞によれば雑誌メディアの中国、韓国批判は「嫌中憎韓」だそうだが〈2月11日付朝刊の守真弓記者による特集記事〉、それを言うなら中国、韓国の「嫌日憎日」をこそ問題にすべきだろう。

国内事情が背景にあって、嘘、デタラメを言い募る中国、韓国を朝日は一度でも批判したことがあるのか。新聞が書かないから、雑誌メディアが書いているのだ。

で、今週も週刊誌は「嫌中憎韓」が目立つ。

『週刊ポスト』（3・7）がトップで堂々、朝日の特集記事に反論。「『嫌中憎韓』が売れるのは朝日新聞のおかげです」

朝日は〈両国とは「相思相愛」の関係〉で〈中韓の反日動向を朝日が報じ、朝日の反日記事を中韓が報じる。この相互関係によって、両国の反日は過熱していった〉。

具体的な内容についてはぜひ同誌をお読みいただきたい。

作家の井沢元彦さんの次のような指摘に朝日は答えるべきだろう。

〈朝日が問題視する扇動報道（雑誌などの）よりも、朝日自身の偏向報道のほうが明らかに悪質〉

〈報道機関の基本原則あるいは倫理を決定的に踏み外している〉

〈自分たちの「正義」の誤りを認められない朝日は、「嫌中憎韓」を批判するより、自己を反省すべきではないか〉

『週刊文春』（3月6日号）のトップは「韓国の暴走を止めよ！　日本の逆襲が始まった」。

『週刊新潮』（3月6日号）のトップが「呆《あき》れてモノが言えない『韓国』！」。

今、日本がまっ先にやるべきは「河野洋平官房長官談話」（平成5年）の否定だ。産経・FNN（フジニュースネットワーク）の世論調査でも「見直すべきだ」が約59％、「見直すべきでない」の約24％を大きく上回っている。

当の河野氏、『文春』が取材を申し入れると、〈「河野談話に関して……」と口にした瞬間、「それに関する取材は一切受けつけない」とスタッフが語気鋭く拒絶するのみだった〉。

証人喚問しかあるまい。

「『慰安婦問題』A級戦犯●●新聞を断罪する」

2014-3-8

●●でつぶした週刊誌の新聞広告を久しぶりに見た。3月6日付の朝日新聞朝刊に掲載された『週刊文春』（3月13日号）の全5段広告。

左柱のタイトルが「『慰安婦問題』A級戦犯●●新聞を断罪する」。『文春』を開いてみるまでもなく●●が朝日を指すことは誰でもわかる。

一方『週刊新潮』（3月13日号）の広告でも大特集「ご無体な隣人『韓国』への返礼」の中の1本が「●●記事を書いた『朝日新聞』記者の韓国人義母『詐欺裁判』」。こちらも●●が「捏造《ねつぞう》」であることはすぐわかる。

新聞社にとって都合の悪い記事のタイトルや、差別語に関わるタイトルで、新聞社側が変更を求め、週刊誌側が拒否。結果、●●となることがかつては時々あった。

が、●●とするとかえって目立って読者の興味、関心を引いてしまう。

で、新聞社側も考えて、●●は困る、何か別の文言に変えろと言うようになり、週刊誌側も新聞広告が載らないのは痛手だからタイトルの一部を変えるようになった。

だから今回の2誌の●●、久しぶりなのだ。

昨今の厳しい広告事情で、朝日といえども譲らざるを得なかったのだろう。

ついでだが『文春』の「A級戦犯」という表現、B級、C級より罪が重いという意味で使っているようだが、これはよくある間違い。問われた罪による「区別」だからだ。

「A型戦犯」「B型戦犯」と変えればいいと思うのだが。

その『文春』がまたスクープ。

「清原和博緊急入院　薬物でボロボロ」

〈「じつは清原は覚せい剤などの薬物の禁断症状に苦しんでいるのです」（友人A氏）〉

2月27日、都内の大学病院に入院した元プロ野球選手の清原を『文春』の記者がつかまえると清原、ロレツの回らない返事を繰り返し記者に暴行、ICレコーダーをへし折ったという。

『ニューズウィーク日本版』（3・11）の大特集「どこまで悪化する？　異常気象」は必読。

朝日「吉田調書」報道に門田隆将さん怒りの反論

容易ならざる事態だ。

が、新聞を読んでいるだけではその重大さが伝わってこない。

東シナ海上空での自衛隊機に対する中国軍戦闘機SU—27の異常接近。5月24日に続いて6月11日には2機が30〜45メートルまで接近した。

『週刊文春』（6月19日号）の〝衝撃スクープ〟「『尖閣空戦』完全ドキュメント　中国軍機は日本のF15を撃墜寸前だった！」によると、SU—27は自衛隊機の真後ろについた。

〈「情報収集機のクルーたちに想像を絶する恐怖が襲いかかったことは容易に想像できる」（米太平洋軍関係者）〉

攻撃ターゲットの真後ろにつくのは基本的な空中戦闘機動（ACM）だからだ。

〈SU—27は背後についた。（中略）そして武器照準用レーダーを照射した。つまりロックオンしたのだ。ゼロコンマの戦いである空中戦闘では、ロックオンと武器発射

2014・6・14

ボタンはほぼ同時だ。（中略）一瞬でも照準があったのならロックオンと同時にミサイルを発射するのだ。ゆえに、ロックオンされたのが戦闘機であれば、それだけで……実際に攻撃されなくとも……正当防衛としての反撃が可能となる〉

集団的自衛権で揉めてる場合か。

5月20日付朝日新聞朝刊は1面トップで「『吉田調書』入手」「所長命令に違反」「福島第一　所員の9割（が原発を退避していた）」と報じた。「フクシマ・フィフティー」（実際には69人）の命を賭した行動が世界で称賛されたが、実は約650人の所員が吉田昌郎《まさお》所長の命に反して逃げていたというのだ。

『週刊ポスト』（6・20）が『死の淵を見た男　吉田昌郎と福島第一原発の五〇〇日』（PHP研究所）の著者、門田隆将さんの怒りの反論を。

〈（朝日の〝スクープ〟は）吉田氏の〝言葉尻〟を捉え、事実とはまったく「逆」の結論に導く記事〉だという。

先週、天安門事件に関して日本の週刊誌が触れていないと書いたが、『文春』（6月12日号）に城山英巳さんの好リポートが。「〝天安門戦士〟の亡霊に怯える習近平」。見落としを謝す。

週刊誌空白に朝日が〝従軍慰安婦〟誤報発表

2014-8-16

朝日新聞が8月5日の紙面で、いわゆる〝従軍慰安婦〟問題について誤りを認めた。ところが週刊各誌は夏の合併号でお休み。どこも取り上げられない。朝日が週刊誌空白のこの時期を狙って発表したのでは、と勘繰りたくなる。

今週発行の唯一の週刊誌『週刊朝日』（8・22）、もちろんこの件はスルー。「知れば防げる認知症7大リスク」とか「サウナを安全に楽しむ法」とかやってる場合じゃないだろう。

唯一、田原総一朗さんが連載コラム「ギロン堂」で触れている。今回の「総括」を評価するとした上で、

〈実は私は、もっと前に誤りを認めて訂正していたものとばかり考えていた。それがここまで延びたのは、報道機関にとって記事の撤回がいかに困難な作業かを示しているのだろう〉

ちょっと違うのでは。

エボラ出血熱の怖さについては10年ほど前に出たリチャード・プレストンのノンフィクション『ホット・ゾーン』（飛鳥新社）で初めて知った。その制圧作戦を描いたものだったが……。

『ニューズウィーク日本版』（8・12／19）で、予防活動を進めるユニセフの職員が明かした感染拡大の理由は衝撃的。

〈西アフリカでは、エボラ熱を病気ではなく「呪い」と考える人が少なくない。そのため医療関係者は、患者に治療を受けさせるのに大変な苦労をしている〉

〈ギニアとリベリアでは医療関係者だけでなく、患者の隔離施設も襲撃を受けた〉

〈欧米の医療専門家に対する不信感が根強い。（中略）住民の間には、死の淵《ふち》にあるエボラ熱患者から医師が臓器を摘出していると怖がっている人たちがいる〉

そして、治療に対する不信感を和らげ地元との協力関係を強化するには、

〈地域に根差した祈祷《きとう》師や宗教指導者と手を結ぶしかない〉

流行はあと数カ月は続くという。

朝日「従軍慰安婦」大誤報、各誌批難の大合唱

2014・8・23

夏休みに合わせて朝日に「従軍慰安婦」大誤報訂正をぶつけられ（?）、夏休み明けの各誌、その間の切歯扼腕《やくわん》ぶりが伝わってくるような誌面だ。

『週刊文春』（8月28日号）「朝日新聞よ、恥を知れ！『慰安婦誤報』木村伊量《ただかず》社長が謝罪を拒んだ夜」

『週刊新潮』（8月28日秋風月増大号）「全国民をはずかしめた『朝日新聞』七つの大罪」

『週刊現代』（8／30）「日本人を貶めた朝日新聞の大罪」

『週刊ポスト』（8・29）「朝日新聞『慰安婦虚報』の『本当の罪』を暴く」

『フラッシュ』（9・2）「エラいぞ、朝日新聞！（怒）『従軍慰安婦問題』誤報検証を検証する」

内容は各誌、大同小異。

唯一『文春』が加藤清隆氏（政治評論家）が最近、本人から聞いた話として木村社長の肉声を。ある勉強会で加藤氏が「朝日はちゃんと謝った方がいいんじゃないか」と

言うと、木村社長、こう繰り返したという。
「歴史的事実は変えられない。したがって謝罪する必要はない」
歴史的事実を朝日がねじ曲げたのではなかったか。
各誌、記事の結論部分を比較。
『文春』〈謝罪なき言い逃れや、処分なき責任転嫁を繰り返していては、朝日はいつまでも新たな一歩を踏み出せないのではないか〉
『現代』〈自らが残した深い傷跡を自覚してほしいものだ〉
『週刊ポスト』〈朝日が真に自らの報道を間違っていたと反省しているのかを量るためには、「検証記事」を出すまでの経緯もきちんと検証するべきだ〉
『新潮』がいちばん手厳しい。〈朝日が求める《隣国と未来志向の安定した関係を築く》（5日付朝刊1面）ための早道は、真実よりプロパガンダを優先し、都合が悪ければ頬かむりする、この詐話師ならぬ詐話紙にご退場いただくことだろう〉
例のタイの代理出産事件、『文春』『新潮』が、男が「光通信」の御曹司（24）と報じているが、代理出産の理由はまだ不明。

朝日が『文春』『新潮』の広告掲載拒否

2014-8-30

朝日新聞が『週刊文春』『週刊新潮』（ともに9月4日号）の広告掲載を拒否した。むろん、両誌が朝日の「従軍慰安婦」大誤報に関して特集を組んでいるからだ。『文春』、「朝日新聞『売国のDNA』」で10ページ。『新潮』、「1億国民が報道被害者になった『従軍慰安婦』大誤報！」4ページ。

朝日の言い分は、

「当該の広告は論評の範囲を著しく逸脱し、本社の社会的評価を低下させるもので掲載に応じられない」

ならば25日に掲載された『週刊現代』（9/6）、『週刊ポスト』（9・5）の広告はどうなのか。

『現代』、「『慰安婦報道』で韓国を増長させた朝日新聞の罪と罰」。

『ポスト』、「原発事故『吉田調書』も『朝日の論理』で歪《ゆが》められた」。

『文春』はこの問題をしばらく追及し続けるそうだが、朝日は今後も広告を拒否し続けるのだろうか。見物だ。

で、内容だが、ひとことで言うと、「足の『文春』、頭の『新潮』」。『文春』は機動力を生かし、すぐソウルに飛んで、例の植村隆記者の韓国人義母にインタビューしている。

その梁順任《ヤン・スニム》・太平洋戦争犠牲者遺族会会長。

〈「検証記事を書くにあたっては朝日から韓国側に相談があった方が良かったと思います。その点は残念」〉

1991年8月の当該記事については、〈「この記事の存在は今まで知りませんでした」〉。

その他、〈韓国メディアが崇拝〉する若宮啓文前主筆の件、朝日幹部の苦渋告白〈「一番恐れているのは不買運動です」〉、本多勝一氏に取材を申し込んで断られた件など盛りだくさん。

ちなみに本多氏は今回の朝日の検証記事は〈「読んでない」〉そうだ。

『新潮』は「天声人語」や「声」欄まで使い、朝日が〈紙面一丸となって世論誘導に邁進《まいしん》した〉実情を詳報。

この間、天声人語は15回、「声」欄では480通余り「従軍慰安婦」問題を取り上げた。〈そのうち、朝日の主張に沿っていないものは、ほぼゼロ〉。

やんぬるかな。

朝日、今週は一部●●でつぶした広告を掲載

2014・9・6

朝日新聞は完全に戦略を誤った。

「従軍慰安婦」大誤報に関して誤りは認めたが、謝罪はしない、誰も責任を取らない、そんなことで世間が納得するとでも思っていたのか。

今週も『週刊文春』『週刊新潮』（ともに9月11日号）『週刊ポスト』（9・12）が十字砲火を浴びせている。

『文春』がまたスクープ。木村伊量社長の今春以降の社内向けメールを全文入手したというのだ。

このメール、〈他メディアに内容が漏れないよう、「閲覧する際には、個々人のパスワードを打ち込まなければならず、誰が印刷したかまで、会社側が把握できる」〉もの

だという。

それを全文入手したというのだからさすが『文春』。

で、その内容だが――。

〈多くの方から「今回の記事は朝日新聞への信頼をさらに高めた」「理不尽な圧力に絶対に負けるな。とことん応援します」といった激励をいただいています〉

〈「慰安婦問題を世界に広げた諸悪の根源は朝日新聞」といった誤った情報をまき散らし、反朝日キャンペーンを繰り広げる勢力には断じて屈するわけにはいきません〉

〈私の決意はみじんも揺らぎません。絶対にぶれません〉

全くの「裸の王様」状態。大丈夫か？木村社長。

先週は『文春』『新潮』の広告を拒否した朝日だが、今週は一部●●でつぶしてあるものの掲載。その基準がわからない。

朝日は今、週刊誌などの取材申し込みに対してはもっぱら「抗議中なので回答しない」と答えている。

これに対して『ポスト』が「報道機関としての自殺行為」と断罪。

〈全く無関係の記事に対して「抗議をしているから取材は受けない」というロジックが通るなら、今後は朝日に追及された政治家や企業が朝日に抗議をすれば、取材拒否

しても朝日は文句を言えなくなる〉

ちなみに、朝日の『ポスト』への抗議は福島第1原発吉田調書歪曲《わいきょく》を批判した記事に対して。

〝朝日、落城の夜〟

2014-9-13

ついに朝日新聞社の木村伊量社長が記者会見というので早速、朝日本社にかけつけた（編集注／9月11日）。案内では「吉田調書問題でのご説明」と言っていたが、当然、それだけでおさまるハズもなく、「従軍慰安婦」問題でも追及されて、謝罪した。

〝朝日、落城の夜〟だ。

週刊誌、『WiLL』（花田紀凱責任編集）『正論』などの批判について「本社に対して執拗《しつよう》な中傷や根拠のない批判、営業妨害」と報道局長、編成局長が社内メールで社員に説明していたそうだが、この会見を受けてどう説明するのだろうか。

『週刊文春』（9月18日号）、『週刊新潮』（9月18日菊咲月増大号）は4週続けて朝日批判の大特集。

『文春』が「朝日新聞が死んだ日」15ページと池上彰さんが自らのコラム「そこからですか」で「『掲載拒否』で考えたこと」2ページ。

『週刊新潮』はワイド型式の「続おごる『朝日』は久しからず」9ページ、プラス吉田調書問題について門田隆将さん（ノンフィクション作家）が「朝日『大誤報』の決定的証拠」と題して3ページの寄稿。

今週は甲乙つけ難く、両誌を読んでいただくしかない。

『新潮』には広告の●●（黒塗り）について驚くべき情報が。

〈（同誌9月11日号の広告は）「売国」「誤報」の2語を勝手に塗りつぶしたのである〉

話し合いの結果、●●というのはあるが〈勝手に塗りつぶした〉というのは前代未聞。まさに末期症状だ。

『文春』はさすがに足で取材、朝日の社内事情をよく拾っている。

〈木村社長は、九月八日からニューヨークへ出張する予定が入っていた〉〈だが九月七日、木村社長は直前で搭乗予定の便をキャンセルした〉

ということは〈「先週の段階で（中略）謝罪も社長の会見の予定もないと聞きました。ですが、さすがにそういうわけにはいかなくなったということではないか」（朝日記者）〉

で、会見。

恐るべし、『文春』の取材力。

百田尚樹さん「『朝日新聞』に告ぐ！」

2014-9-20

朝日の激震はまだ続いている。

東京電力へのお詫《わ》びを載せたり、「声」欄で朝日批判の特集を組んだり、社内の混乱ぶりが目に見えるようだ。

先々週の『週刊新潮』（9月11日号）、百田尚樹さんの特別〝語りおろし〟「私と日本人を貶《おとし》めてきた『朝日新聞』に告ぐ！」で完売だったという。

で、そこは商売上手の『新潮』、今週号（9月25日号）でも、百田さんが「『朝日新聞』うわべだけの謝罪を看破する！」。サブタイトルが「『池上彰コラム』一転掲載を自画自賛した朝刊編集長を嗤《わら》う」と痛烈だ。

中身はもっと痛烈。

9月11日の社長会見は〈「指名手配」されてからの自首に近い〉。

〈刑法では、犯人がわかる前に自首すれば刑が軽くなることがあるが、指名手配されてから自首しても減刑になりません〉

編集担当杉浦信之取締役について。

〈私はサラリーマンじゃないから言えるのですが、あんな支離滅裂な説明をして、天下にアホ丸出しの姿をさらすくらいなら仕事を失ったほうがマシや〉

池上コラム問題。

〈この事態が読めなかったとするならば、上層部の判断力は中学生以下〉

ワイド型式で14本の特集「『朝日新聞』謝罪が甘い！！」も「天声人語から投稿川柳まで『朝日新聞』謝罪大バーゲン一覧」など、どれも皮肉がきいている。

『週刊文春』（9月25日号）〝木村伊量社長辞任勧告スクープ〟「朝日新聞はライバル社の『極秘資料』を盗んでいた！」。ただし、よく見ると「朝日新聞」の下に小さく「出版」。つまり「朝日新聞出版」の事件なのだ。やや姑息《こそく》。

要するに分冊百科のデアゴスティーニ・ジャパンから、昨年4月、朝日新聞出版に移籍したK氏が内部資料を大量に盗み出した、という事件。

すでに社内コンプライアンス委員会にかかり、デアゴ社との手打ちも済んでいるというから、期待ハズレ。

『ニューズウィーク日本版』（9・23）、14ページの大特集「等身大の中国経済」は必読。

今、読者が求めているのは朝日新聞の内部情報

2014・9・27

こうなると、今、読者がいちばん求めているのは朝日新聞の内部情報だ。

『週刊文春』『週刊新潮』（ともに10月2日号）、今週もトップは朝日問題。

『文春』、「朝日新聞メルトダウン」10ページ。『新潮』、ワイド特集で「腹の中では悪いと思っていない『朝日新聞』偽りの十字架」9ページ。

内部情報という点で言えば今週は『新潮』の勝ち。

ワイドの一本が「『素粒子』論説委員が社内報に『産経新聞のヒステリック』『読売は安倍政権の露払い役』」。

朝日新聞の「素粒子」担当真田正明論説委員が8月28日、社内のポータルサイトに

こんな〝講評〟をアップしたという。

〈朝日新聞の慰安婦報道の検証を受けて、産経新聞のヒステリックな反応はある程度予想がついたが、驚いたのは読売新聞である。（中略）この両紙は朝日新聞が慰安婦問題をつくったかのような批判や攻撃を続けている〉

〈秘密保護法、集団的自衛権、エネルギー政策、あらゆる場面で読売は安倍政権の露払い役を果たしてきた〉

〈読売を露払いとすれば産経は太刀持ちか。後ろから「もっと前へ。もっと勇ましく」と叫んでいる〉

そして朝日を「こちら側」、読売や産経を「向こう岸」と分けたうえで、

〈向こう岸はもはや戦前のような別の世界になってしまったかのようだ。それを批判すれば、こちら側には自虐、反日、売国といった矢が飛んでくる〉

『新潮』指摘のとおり、朝日はたしかに何の反省もしていない。

9月21日の日曜日、朝日本社新館で開かれたという社会部中心の勉強会。50人ほど集まったというその勉強会、検証記事に関わった〝講師〟2人にも反省の様子は見られなかったという。

『ニューズウィーク日本版』（9・30）、スコットランド騒動を扱った「英国の誤算」が

トップだが、「トラ退治よりも大事なハエ叩き」という記事に注目。

中国の汚職摘発キャンペーンが、メディアの大物にまで及び出したというものだが、まさに〈モラルの真空状態〉だ。

海外メディアは朝日の虚報に無知

2014・10・4

世界のメディア、ジャーナリストが朝日の「従軍慰安婦」虚報について、いかに無知か、曲解しているかがよくわかる特集だ。

『週刊現代』(10/11)の「日本人とは大違いだった　世界が見た『安倍政権』と『朝日新聞問題』」。

まず霍見《つるみ》芳浩氏(ニューヨーク市立大学名誉教授)が安倍内閣5人の女性閣僚のうち4人が河野談話を否定していることについて。

〈「これはドイツのメルケル政権が、『ナチスの行為は正しかった』と主張する政治家を、4人も大臣に起用するのと同義で、世界は呆れ返っています」〉

呆れ返るのはこちらだ。

NYタイムズ、マーティン・ファクラー東京支局長。

〈「朝日の報道がウソだったからといって、慰安婦問題自体がウソだったことにはなりません（中略）安倍首相と保守派が、国家アイデンティティを再定義したいがために、朝日に対して政治闘争を仕掛けているのです」〉

スタンフォード大学アジア太平洋研究センターのダニエル・スナイダー副所長。

〈「いまの日本で起こっているのは、ずばり『言論テロリズム』です」〉

仏『フィガロ』東京特派員、レジス・アルノー氏。

〈「今回の朝日叩きは、政府によるメディアリンチ」〉〈「これは大罪です」〉

あげく、アイリス・チャンの間違いだらけの『ザ・レイプ・オブ・南京』をもち上げる。

彼らの発言、意図的な日本叩き（安倍叩き）でないとしたら、「朝日従軍慰安婦問題」に対する彼らの無知をさらけ出しているだけだ。まず『ＷｉＬＬ』（花田紀凱責任編集）や『正論』を読んでから発言せよ。

『週刊文春』（10月9日号）、「『朝日新聞』問題　私の結論！」として34人が書いているが、目新しい意見はない。

それより『週刊ポスト』（10・10）吉田調書と同時に公開された19人分の調書を徹底分析した「福島原発事故の真実」が必読。こういうことをなぜ新聞はできないのか。

朝日の木村伊量社長が退任を表明

2014・11・8

どうしても毎週『週刊文春』『週刊新潮』が中心になってしまう。むろん他誌もチェックしているのだが、2誌に比べると弱い。『週刊朝日』『サンデー毎日』なんか毎週、買うのがバカバカしくなる。週刊誌ジャーナリズムのためにも一層の奮起を望みたい。

で、『新潮』（11月13日号）右柱が「全く反省なし『木村社長』退任で『朝日新聞』は許されるか！」、左柱が「いつから国会議員は『さもしい連中』になったのか？」。

朝日、木村伊量社長が10月31日付の社内向けサイトで退任を表明したことをスクープ。

〈私は来月中旬（つまり11月中旬）には社長退任を正式に発表し、12月5日の臨時株主総会とその後の臨時取締役会で新しい経営体制がスタートする予定です〉

しかし『新潮』は10月10日、本社15階のレセプションルームで開かれた2度目の社員集会（約500人が出席したという）の議事録を入手。木村社長は開き直っていると厳しく批判している。

〈〝慰安婦虚報〟、〝吉田調書〟記事の取り消し、〝池上コラム〟掲載拒否、この3つの問題のうち、いずれが一番深刻かと問われると『一番大きなのは吉田調書の問題。（中略）新聞協会賞にも申請していたこともあり、社としての責任があると』〉

これでは中西輝政京都大学名誉教授が憤るのももっともだ。

〈「国際的に見れば、吉田調書よりも、慰安婦の記事の方が、はるかに罪が重い。（中略）〝慰安婦〟虚報を矮小化《わいしょうか》し、単に記者の暴走による〝吉田調書〟報道の責任を取って辞任するというのは巧妙かつ狡猾《こうかつ》と言うほかありません」〉

『文春』（11月13日号）「本多勝一×藤岡信勝公開誌上激突！『南京30万人大虐殺』の真実」を読むと本多勝一という記者のそれこそ〝狡猾〟かつ鉄面皮ぶりが浮かび上がってくる。

同じく『文春』の「12・14総選挙緊急予測」。早けりゃいいってもんじゃない。「不確定要素」が多過ぎる。

この人、反省という言葉を知らないらしい

2015・5・16

日本ABC協会（Audit Bureau of Circulations＝雑誌販売部数公査機構）の2014年下半期（7～12月）雑誌販売部数が発表された。

総合週刊誌は前年同期と比べて軒並みダウン。下がり幅のいちばん大きいのは『週刊ポスト』で18・4％減。

『週刊文春』が相変わらずトップを維持しているが、それでも6・6％減だから雑誌界は冬の時代が続いている（ちなみに月刊誌も含め雑誌界全体でいちばん減り幅の大きかったのは宝島社の『SPRiNG』で66・3％減。次がやはり宝島社の『steady.』で52・7％減）。

①『週刊文春』　43万7892
②『週刊新潮』　32万5292
③『週刊現代』　31万8769
④『週刊ポスト』　26万0817

⑤『週刊大衆』　11万８２３４
⑥『週刊朝日』　９万８４５０
⑦『アサヒ芸能』　９万０４３５
⑧『ＡＥＲＡ』　６万３６８７
⑨『サンデー毎日』　５万３０４６
⑩『ニューズウィーク日本版』　３万９５１３

10位の『ニューズウィーク』、内容から言ったら、もう少し売れていいと思うのだが。健闘を祈る。

ゴールデンウイーク明けで、各誌、低調。

『週刊文春』（5月21日号）、『週刊新潮』（5月21日菖蒲月増大号）がワイド特集を組んでいる。

『文春』が「そこが知りたい！」15本。『新潮』が「『五月ばか』に付ける薬」18本。

入籍延期の田中美絵子元衆院議員（路チューの）、節電生活を続ける朝日のアフロ記者、被害者面してアメリカ講演行脚の植村隆朝日元記者の３本がダブっているが、『文春』はＵＣＬＡで講演を聞いた後、植村元記者を直撃。

〈少しギョッとした表情でこう話した。「僕は週刊文春に記事を書かれて、非常に大き

なダメージを受けた。だから今回と同じような話は日本各地でしている」〉
この人、反省という言葉を知らないらしい。

朝日新聞は前年同期比63万5884部減

2015・8・22

政治家にとって「病気」と「金の問題」「女の問題」は致命傷になりかねない。だから週刊誌の格好のテーマにもなるのだが、総理の「病気」ともなれば、一国の命運とも関わってくる。

『週刊文春』（8月27日号）のトップは「安倍首相『吐血』証言の衝撃」。

6月30日、ＪＲ東日本社長や稲田朋美政調会長との会食の時に、

〈「突然、気分が悪くなった総理が、トイレに駆け込み、血を吐いたというのです。その場に控えていた今井尚哉秘書官が慌てて別室を用意し、慶應大学病院の医師を呼び、総理は診察を受けたと聞きました」（官邸関係者）〉

匿名の、しかも「聞きました」という間接コメントだから、どこまで信憑《しんぴょう》性がある

かは疑問だ。

しかも、この情報、『文春』より前に発売された『週刊現代』（８／29）の「母・洋子から息子・安倍晋三への『引退勧告』」によると、〈結果的には誤報と分かったが、一時は安倍総理が吐血したという情報が永田町を駆け巡った〉と、誤報だったことになっているのだが。

いずれにしろ、持病を抱え、激務をこなしている総理の健康状態は気がかり。少しでも休養をと願うばかりだ。

それにしても、『現代』のこのタイトルはひどい。洋子さんが「引退勧告」したなどという事実は一行も書いてない。推測で、〈いまひとつの決断をくだそうとしている〉、ただそれだけ。クレディビリティー（信頼性）もへったくれもあったもんじゃない。

安倍談話に関しては『週刊新潮』（８月27日号）がトップで「『70年談話』がぬえになった『安倍内閣』の焦燥」。「侵略」が盛り込まれたのは読売の渡辺恒雄会長とその意を受けた「21世紀構想懇談会」北岡伸一座長の意向だという。

だが、安倍総理がこの談話をいかに巧妙に仕上げているかは、26日発売の『Ｗ・ｉＬＬ』10月号、渡部昇一さんの「『安倍談話』は百点満点だ！」をお読みいただきたい。

ついでだが、15年上半期（１〜６月）ＡＢＣ部数公査で朝日新聞は前年同期比

63万5884部減、700万部を割り込んだ。産経は微増。

第6章

朝日は反省していない

記者会見で謝罪せよ

2014・8・13

今週はもうこれを書くしかない。他のことなど書く気がしない。朝日新聞がついに〝従軍慰安婦〟報道の誤りを認めた。

1982年、朝日新聞が「朝鮮の女性　私も連行　暴行加え無理やり」との見出しで吉田清治氏の済州島での慰安婦狩りの証言を写真入りで紹介してから、32年。詐話師の吉田清治氏が83年『私の戦争犯罪―朝鮮人強制連行』（三一書房）を刊行してから31年、あまりに長い年月が過ぎた。

遅きに失したと言うべきだろう。

その間、韓国で翻訳出版された吉田清治氏の本に疑問を抱いた済州新聞の記者が現地で取材したが、そんな証言は得られず、歴史家の秦郁彦さんも現地で取材し、吉田氏の本が全くの事実無根であることをつきとめた。

が、朝日新聞はその後、インタビューなどで十数回に渡って吉田証言を紹介し続けた。

ある時は「ひと」欄で取り上げ、ある時はサハリン残留韓国人の遺族に土下座する写真まで掲載した。

たとえば91年10月10日の朝日新聞（大阪版）で吉田氏はこんなふうに語っている。

「私が連行に関与したのは千人くらいですが、多くが人妻だったのではないでしょうか。乳飲み子を抱いた人もいた。三、四歳の子供が若い母親に泣きながらしがみついてもいました。そんな子供たちを近くにいる年とった女性に渡し、若い母親の手をねじ上げ、けったり殴ったりして護送車に乗せるのです」

朝日新聞の記者はこんな吉田氏の話に少しも疑問を抱かなかったのだろうか。

朝日新聞、5日の「慰安婦問題　どう伝えたか」「読者の疑問に答えます」という2ページに渡る検証記事の中に、こんな記述があった。

〈今年4〜5月、済州島内で70代後半〜90代の計約40人に話を聞いたが、強制連行したという吉田氏の記述を裏付ける証言は得られなかった〉。だから、〈証言は虚偽だと判断し、記事を取り消します〉。

今さら済州島に取材に行って何を得ようとしたのか。

しかも読者に対して謝罪の言葉ひとつない。ただ取り消して済む話ではあるまい。

もう1点、〝従軍慰安婦〟を挺身隊と混同して報じた点については、

〈当時は、慰安婦問題に関する研究が進んでおらず、記者が参考にした資料などにも慰安婦と挺身隊の混同がみられたことから、誤用しました〉。

こちらも誤用したことが済まなかったでも、申し訳なかったでもない。ただ〈誤用しました〉。

韓国が今、〝従軍慰安婦〟問題を執拗《しつよう》に言いたて、全米各地に慰安婦像まで建て、日本は国連人権委員会で〝性奴隷〟国家とまで非難される事態になっている。その大きな責任が朝日新聞の報道にあったことは間違いあるまい。

朝日新聞はその重い責任をいったいどう考えているのか。いったいどう責任を取ろうと考えているのか。

ある意味では伊藤律架空会見記より、ＫＹサンゴ事件より重大な誤報、国際問題までひき起こした大誤報ではないか。

朝日新聞は社長なり編集責任者なりがただちに記者会見して、ことここに至った事情を説明し、責任の所在を明確にした上で、しかるべき責任を取るべきではないか。

一般企業が何か不祥事を起した場合、社長以下幹部がズラリと並んで頭を下げ、新聞記者たちは舌鋒鋭く責任を追及、謝罪を求める。

同じことをぜひ朝日新聞にもやっていただきたい。

朝日記者ツイッターをチェック

2014・8・20

今週も朝日新聞「従軍慰安婦」大誤報問題。

それにしても、ずっと不可解なのは朝日新聞の若い記者たちはこのことに関してどう思っているかということだ。

少なくともジャーナリストを志そうとする人間だったら、吉田清治氏の証言が、おかしいことぐらいとっくに気づいているはずだろう。当初はわからなかったとしても、産経新聞や『正論』『ＷｉＬＬ』（花田紀凱責任編集）が繰り返し疑問を呈してきたのだから。

なのに、なぜ社内で、あるいは社外で、疑問の声を上げないのか。こんなデタラメを報じ続けた編集幹部を糾弾しないのか。

出世に差しつかえると思って黙っているなどとは考えたくないが、もしそうだとしたら、それだけでジャーナリストの資格はあるまい。新聞記者を名乗るのはおこがましい。

余談だが、今年3月、慰安婦問題に関して朝日の現役記者、OB120人ほどにアンケートの手紙を送った。

だが、2通しか返ってこなかった。半ば予想はしていたが朝日では自らの意見さえ言えないのかと、あきれた。

で、朝日新聞が力を入れているソーシャルメディア、ツイッターの「記者アカウント」をチェックしてみた（書いているのは若い人ばかりというわけではないが）。

沢村亙《わたる》朝刊編集長。

〈中身を読まずに、断片情報を切り取った反応コメントが目につく〉

〈近隣国と関係がうまくいかない理由、いらだちをメディアのみになすりつける反応（おそらく今の政権も）はあると思っていたが、そもそも関係を良くしたいと思わない人（ネトウヨを中心に）いるようだ〉

上丸洋一編集委員。

〈南京陥落を目前にした1937年12月11日、上海派遣軍参謀長の飯沼守は日記にこう書いた。「慰安施設の件、方面軍より書類来り、実施を取計（とりはから）ふ」「慰安施設」の設置に対する軍上層部の関与（それも直接的な関与）はこれをみても明らか。出典は陸軍将校のOB団体・偕行社が編集した〉

武田肇《はじむ》記者（大阪社会部）

崔碩栄氏〈大事なのは今後だ。広がったデマを修正するには、何十、何百倍の努力と時間が必要だ。（中略）韓国人は謝罪にうるさいよ。〉をリツイート。

〈誤報撤回について、リコール品を出荷した責任はやはり企業が持つべきではないのかと〉を引用。

冨永格《ただし》特別編集委員、山中季広特別編集委員をはじめとして三十数人の記者のツイッターをチェックしたが、大半の記者が、この件に関しては一切触れていない。

自社が関係した重大問題をパスするならツイッターなどやめたらどうだ。

なかで唯一、真面目にこの問題に触れていたのが金成《かなり》隆一記者（国際報道部）。

〈朝日新聞が自らの慰安婦報道を検証しました。各方面からのバッシングが90年代からあったのだから、もっと早くやればよかったのにと感じます〉

〈他紙の報道なんてどうでもいいだろ、という批判が多いようですが、本当にそうでしょうか？　当時の時代状況を知るには有効と思います。私は、歴史証言を伝えることの難しさを感じました〉

今からでも遅くない。

朝日記者の内部告発、待ってます。

「歴史的事実は変えられない」

2014-8-27

しつこく朝日新聞「従軍慰安婦」大誤報第3弾。

週刊各誌が夏休み明けで、いっせいに朝日新聞「従軍慰安婦」大誤報の件を報じている。

見逃せないコメントが3つあった。

ひとつは例の吉田清治氏、朝日大誤報のきっかけをつくった吉田清治氏の長男のところに3週間くらい前、朝日の記者が2人来て、こんなことを聞いていったという。

（『週刊新潮』）

「お父さんはいつからどこで仕事をしていたんですか？」

「いつ大陸に行ったのですか？」

吉田氏は2000年に既に死んでいる。今さら長男の所に行って何を聞こうというのだろうか。

長男はあきれてこうコメントしていた。

「正直、父が亡くなる前に取材に来ればよかったのにと思わずにはいられなかった」

そりゃそうだろう。

そういえば朝日は5日の検証記事で、こんなことを書いていた。

〈吉田氏は著書で、43年5月に西部軍の動員命令で済州島に行き、その命令書の中身を記したものが妻(故人)の日記に残っていると書いていた。しかし、今回、吉田氏の長男(64)に取材したところ、妻は日記をつけていなかったことがわかった〉

こんなことは30年前に取材していればすぐにわかっていたこと。要は朝日は何ひとつ吉田証言の裏を取っていなかったということだ。新聞記者の基本中の基本、裏取りもせずに書いたとしたら、それだけで記者失格だ。

もう1点。

これは『週刊文春』その他が報じているのだが、ある勉強会で加藤清隆さん(元時事通信政治部長)が朝日の木村伊量社長に会い、こう言った。

「朝日はちゃんと謝った方がいいんじゃないか」

木村社長の返事は驚くべきものだった。

「歴史的事実は変えられない。したがって謝罪する必要はない」

自らは「歴史の事実」をねじ曲げておいて、「歴史的事実は変えられない」はないだろう。

今回の誤報検証は木村社長が主導して行われたといわれ、朝日社内では最右派といわれる木村社長にしてこういう認識だから、今後も朝日の謝罪は期待できまい。

3つ目は佐瀬昌盛さん（防衛大学校名誉教授）の指摘である。（『週刊新潮』）

「朝日は〈読者の疑問に答えます〉と書き、あの特集は読者に向けたという建前になっています。そして、読者の反応が表れるのは投書欄ですが、8月5日以降の〝声〟欄に、この問題に関するものが1通も出ていません。こんなに大きな2日連続の記事を載せたのに、読者が反応しないわけがない。投書の多くは〝何をやっているんだ〟というものでしょう。朝日はそれを載せられない。正面から向き合う勇気がないのです」

「声」欄が朝日の主張の〝別動隊〟とはつとに言われていることだ。朝日の主張に沿わない投稿はほとんど採用されない。

たとえば集団的自衛権論議の時、「声」欄には60通近い「集団的自衛権容認」反対の声が掲載された。

ところが、賛成はたったの2通。アリバイ的に掲載されただけだった。毎日、毎日、反対の記事ばかり読まされれば、朝日の読者の大半が、「集団的自衛権容認」には反対となろう。「声」欄の偏りはそれが反映したものとも言えよう。

だから、言いたくなるのだ。

「朝日を読むとバカになる」

「社会的評価を低下」朝日の基準

2014・9・3

朝日新聞「慰安婦」大誤報問題第4弾。

しつこいといわれそうだが、このところ朝日新聞やることなすこと頓珍漢《とんちんかん》で、どうしてもひとこと言わずにはいられない。

まずは『週刊文春』『週刊新潮』9月4日号の広告拒否問題。

8月28日、発売日に掲載される両誌の全5段広告が朝日新聞だけは掲載されていなかった。

朝日新聞の両誌に対する言い分は、

「当該の広告は論評の範囲を著しく逸脱し、本社の社会的評価を低下させるものであり、掲載に応じられないと判断した」

で、「著しく逸脱した」広告を他の新聞で確認してみると、

『文春』、「朝日新聞『売国のＤＮＡ』」。

『新潮』、「『1億国民が報道被害者になった『従軍慰安婦』大誤報！」。

なるほど、これが、朝日の「社会的評価を低下させる」タイトルなのか。

しかし、同じ朝日、25日の紙面にはこの問題を特集した『週刊現代』の広告が掲載されていた。

「『慰安婦報道』で韓国を増長させた朝日新聞の罪と罰」

こちらは「著しく逸脱」してもいず、「社会的評価を低下」させもしないというわけだ。

基準がよくわからん。

2番目は8月28日に掲載された「慰安婦問題　核心は変わらず」という7段の記事。

その主旨は次の通り。

「河野談話は吉田（清治）証言を採用していなかった」

「談話作成の根拠になったのは、軍や朝鮮総督府、慰安所経営の関係者の証言のほか、日本の関係省庁や米公文書館などから集めた大量の資料だった」

要は、だから今回、朝日が誤報を認めたからといって河野談話の根拠が揺らぐなん

てことはない、と言いたいらしい。

ご丁寧に韓国の元外交官のコメントまで引用して補強している。

「韓国政府が慰安婦問題の強制性の最大の根拠としてきたのは元慰安婦の生の証言であり、それは今も変わっていない。吉田氏の証言が問題の本質ではありえない」

朝日の言い分とそっくりではないか。

これには読売と産経が翌29日に大反論。

「批判回避へ　論点すり替え」（読売）

「また問題すり替え」（産経）

韓国政府が１９９２年7月に公表した「日帝下軍隊慰安婦実態調査中間報告書」では、吉田証言が慰安婦強制連行の証拠資料として採用されていること、国連人権委員会のクマラスワミ報告にも引用されていることなどを挙げ、朝日の言い分を完膚なきまでに論破している。

こういうのをキジも鳴かずば撃たれまいにというのだ。

で、３番目。

8月30日の「声」欄。

慰安婦問題に関する投書が初めて3通掲載されている。

佐瀬昌盛さん（防衛大学名誉教授）が『週刊新潮』で、「投書が殺到しているはずなのになぜ載せないのか」と批判してから約2週間、やっと載せたわけだ。

3通ともさすがに朝日を批判はしているが、「自身の記事について検証をし、公にすることは意義がある」「その謙虚さには遅まきながらまだ誠意を感じる」などの文言で朝日を救っている。

謝罪もせず、責任も取らないことについて批判的な投書は来ていないのだろうか。

いずれにしろ、朝日、どんどん深みにはまっている。

2014・9・10

みっともない右往左往ぶり

朝日新聞「従軍慰安婦」大誤報問題、第5弾。なんせ、しつこい性格なもので。

といっても、このところの朝日の失態続きを見ていると正直ちょっと哀れを催す。

が、ここで気を緩めてはならない！

で、ジャーナリストの池上彰さんの連載コラム「新聞ななめ読み」問題。

池上さんは月1回、朝日で新聞批評を続けてきた。今回も8月27日に原稿を提出、同29日朝刊に載る予定だった。ところが、朝日は「このままでは載せられない」と掲載を拒否。

何が朝日のゲキリンに触れたのか。

新聞批評である以上、池上さん、当然のごとく「従軍慰安婦」大誤報問題をとり上げた。

〈過ちがあったなら、訂正するのは当然。でも、遅きに失したのではないか。過ちがあれば、率直に認めること。でも、潔くないのではないか。過ちを訂正するなら、謝罪もするべきではないか〉

8月5日、6日の記事を読んだ池上さんの感想だそうだが、至極、真っ当な意見。『W.i.L.L』（花田紀凱責任編集）10月号で湯浅博さん（産経新聞特別記者）も「潔さに欠け、往生際が悪すぎる」と書いている。

〈今回の検証は、自社の報道の過ちを認め、読者に報告しているのに、謝罪の言葉がありません。せっかく勇気を奮って訂正したのでしょうに、お詫《わ》びがなければ、試みは台無しです〉

〈新聞記者は、事実の前で謙虚になるべきです。過ちは潔く認め、謝罪する。これは

国と国との関係であっても、新聞記者のモラルとしても、同じことではないでしょうか〉

朝日はこれが気に入らなかったらしい。掲載拒否。

依頼していた原稿を、しかも新聞批評の原稿を、自社に都合の悪いことを書かれたからと言って載せないとはジャーナリズムとはいえまい。

池上さんは「ならば連載はやめる」と申し入れた。当然のことだ。これで話が終わっていれば、まだわかる。

が、ここから話は急展開。週刊誌などでも騒がれたのにビビったか、朝日は、4日になって再掲載に踏み切った。

その右往左往ぶり、みっともないったらありゃしない。

〈その後の社内での検討や池上さんとのやり取りの結果、掲載することが適切だと判断しました〉

一緒に掲載された「お断り」だが、その間、たった1週間。

不掲載と決めたとき、社内での検討はなかったのか。そんなに重大なことを、いとも簡単に撤回していいのか。

もっとみっともないのは9月6日、今度は東京本社報道局長名で「読者の皆様におわびし、説明します」と題した6段のおわびを載せたことだ。

なぜ1度は不掲載としたか。

8月5日、6日の記事以来〈関係者への人権侵害や脅迫的な行為、営業妨害的な行為などが続いていました。こうした動きの激化を懸念するあまり、池上さんの原稿にも過剰に反応してしまいました〉

脅迫的な行為がどんなものかの説明はないが、そんなことで自ら依頼した署名原稿を不掲載にするようではジャーナリズムの資格はあるまい。

読者に謝るなら、まず「従軍慰安婦」大誤報の方だ。

焦点ぼけた朝日社長の謝罪会見

2014・9・17

〝朝日落城の夜〟。

9月11日、あの朝日新聞社長の歴史的会見に行ってきた。

当日、午後から会見の噂が飛んでいたが、夕方6時頃、朝日新聞広報室から編集部にFAXが。

「弊紙の『吉田調書』の記事でお寄せいただいているさまざまなご指摘について、ご説明の場を設けさせていただきます。急なお知らせで恐縮ですが、下記会場にお越しいただきたく、ご案内申し上げます」

午後7時半から東京本社2階の記者ホールで行うという。新聞・雑誌は1社あたり、ペン3人、カメラ1人という制限はスペースの関係で致し方ないだろう。

しばらくすると朝日の広報から電話があって、「FAXがちゃんとついているかどうか確認」だという。こういうところは律義というか、朝日的まじめさだ。

着いたのが6時半過ぎ。

かつて2年間、朝日で働いたこともある（『uno!』という女性誌を編集していた）から勝手は知っている。裏口から入ろうとしたら封鎖されていて、ガードマンが表に回れという。

正面玄関に回ると、ここも厳重警戒中。すぐに誰何《すいか》される。

「どちらさまですか。腕章は？」

「腕章はない」

中に入ると受付があってFAX送り先リストと照合、やっと入れてくれた。もう半分以上、席は埋まっている。

定刻、木村伊量社長、杉浦信之編集担当、広報担当の３人が入場。不祥事を起こした企業の会見なら、まず３人、深々とお辞儀をするが、朝日の３人はちょっと顔を下げただけ。頭が高い。

で、会見が始まったのだが、いくら「吉田調書についてのご説明」といっても、当然ながら従軍慰安婦問題、８月５、６日の検証記事についての質問も出る。

聞く記者によって関心のあり所が違うから、吉田調書について聞いたと思うと、次は慰安婦、どうも話が拡散して焦点がぼける。これは朝日の作戦か。

一般企業がスキャンダルを起こしたときの会見と違って新聞記者たちの追及ぶりも、どこか甘い。鋭く追及していたのは産経新聞の阿比留瑠比さんぐらいだった。

結論として言うと、朝日は「吉田調書」については全面的に非を認め、謝罪。

ところが「慰安婦」に関しては吉田清治の証言がデタラメで、強制連行はなかったと認めたものの、「強制性」はあったという、これまでの主張、そのまま。貧しさゆえ親に売られたとかまで「強制」というなら、強制性の全くない慰安婦はそうはいない。

朝日のいう「強制性」があったか否かが問題なのではない。

ギリシャ、ローマの昔から軍隊に売春婦はつきもの。現在でも、たとえば韓国にだって米軍相手の売春婦を集めた〝基地村〟がある。

なぜ、日本だけが「性奴隷」とまで非難され、責められなければならないのかというのがことの本質だ。

話を会見に戻す。

終わったのが9時20分。1時間50分の会見だった。

帰途、編集部員との話。

「『フラッシュ』や『週刊ポスト』に抗議して、なんで『朝日を読むとバカになる』とまで書いたうちには抗議してこないのか、と聞けばおもしろかったな」

朝日擁護派の巧妙なすり替え論

2014-10-1

今や、毎朝、朝日新聞を開くのが楽しみだ。

今日は誰が、何を謝っているのかな？　誰が朝日擁護の論陣を張っているのかな？

9月26日には「朝日新聞紙面審議会」の奥正之（三井住友フィナンシャルグループ会長）、

斎藤美奈子（文芸評論家）、湯浅誠（社会活動家）、中島岳志（北海道大学大学院准教授）の各氏が「慰安婦問題検証記事、吉田調書報道、池上彰さん連載対応」について「本紙（つまり朝日だ）へ批判や提言」をしている。

だいたい「慰安婦問題検証」とか「吉田調書報道」とかいう書き方からして気に食わない。「慰安婦問題」も「吉田調書」も完全な虚報なのだからせめて、「慰安婦問題誤報」「吉田調書歪曲《わいきょく》」くらい書け。反省の態度が少しも感じられない。

反省といえば、余談だが、朝日の幹部たち、紙面ではペコペコ謝っているが、本心は違うことを『週刊新潮』（10月2日号）がみごとにスッパ抜いた。

「素粒子」担当の真田正明論説委員が社内のポータルサイトで言いたい放題。

産経は「ヒステリック」と決めつけた上で、産経、読売は〈朝日新聞が慰安婦問題をつくったような批判や攻撃を続けている〉〈読売は安倍政権の露払い役（中略）産経は太刀持ちか。後ろから「もっと前へ。もっと勇しく」と叫んでいる〉

たしか「素粒子」もこの件で謝っていたハズだが。

要するに反省なんてしてやしないのだ。

話を紙面審議会委員の「批判や提言」に戻す。

見逃せないのは斎藤美奈子、中島岳志両氏の言い分。

まず斎藤氏。

〈いま何より必要なのは、戦時性暴力に対する国際的な視野の中で慰安婦問題を検証することだ。この件にかんして後ろ向きな現政権の姿勢も気になる。吉田証言の虚偽性や「挺身隊《ていしん》」の誤用は、問題全体の中では枝葉末節に近い〉

枝葉末節とは恐れ入った。

中島氏。

〈朝日が吉田証言の記事を取り消したことで、慰安婦問題はまるでなかったかのような、様々な論理の飛躍が見られるように思える。朝日を批判するなかで「慰安婦問題は朝日が広めた虚偽、捏造《ねつぞう》だ」というような恣意《しい》的な言論が繰り返されると、多くの人はそれが真実だと思い込んでしまうのでは〉

まさに、それが真実なのだ。

〈慰安婦問題の本質は、強制連行の有無ではなく、戦時下での性暴力・人権問題にある〉

今、朝日や朝日擁護派が言うのは、慰安婦はいた、彼女たちの人権を大切にしろ、これに尽きる。

しかし、朝日を批判する側の誰が、戦時慰安婦がいなかったなどと言っているのか。

ぼくの知る限りそんなことを書いている識者はいない。

戦時慰安婦はたしかにいた、現在も世界中の戦場に存在するだろう。なのに、日本だけが、なぜ「性奴隷国家」とまで批難されなくてはいけないのか、しかも、70年も前のことで、と言っているのだ。

そしてその責任の多くはデタラメな「吉田証言」などをたれ流し続けた朝日新聞にある、と言っているのだ。

朝日擁護派はそこを巧妙にすり替えている。

第７章　安保法制と安倍叩き

朝日「近づく　戦争できる国」

2014・5・24

こういうのを小判鮫《こばんざめ》商法という。

ASKA容疑者逮捕で『週刊文春』（5月29日号）が張り切るのはわかる。そもそも昨年8月8日号「シャブ&飛鳥の衝撃」でASKAの覚醒剤中毒をスクープしたのが同誌だからだ。

で、「ASKA逮捕！『〝シャブ愛人〟栩内《とちない》香澄美容疑者はパソナ代表の接待秘書』」。ところが『週刊新潮』（5月29日号）、本家『文春』が6ページなのに、10ページも使って「家族に密告された覚醒剤常習『ASKA』禁断の乱用履歴」。

ページ数が多い分だけ『新潮』にやや分。

ASKAはどうでもいい。それより『新潮』で読むべきは「安倍総理の剣が峰『集団的自衛権』の七不思議」だ。

安倍総理が憲法解釈の見直しを表明した翌16日朝日朝刊のひどかったこと。社会面見開きで「近づく　戦争できる国」。東京新聞はもっとひどくて1面で「『戦地に国民』

へ道」。

まるで日本が明日にでも戦争を始めるような勢いだが、『新潮』はワイド形式で冷静かつ、過不足なく分析。

〈実は集団的自衛権は国連が認めた権利なのである〉

佐瀬昌盛防衛大学校名誉教授の解説。

〈「国連憲章第51条では、〝個別的または集団的自衛の固有の権利〟が謳《うた》われていて、193全ての加盟国にその権利行使が認められています。（中略）ただし、スイスの場合、この権利を行使すれば永世中立国の立場が崩れてしまう。それで行使しないという考え方なのです」〉

ならば、スイスがなぜ永世中立を保てるかについては『WiLL』（花田紀凱責任編集）7月号（26日発売）、青柳武彦氏（国際大学グローコム客員教授）の論文をぜひ。

『ニューズウィーク日本版』（5・27）久しぶりの中国大特集「中国の横暴と深謀」10ページはいいところを衝いている。

〈中国が狡猾《こうかつ》なのは軍の出動を控えることで表向きは国家が関与していないように見せ掛ける点だ〉

この中国に対抗するには「ASEANの団結とインドへの接近」を示唆している。

朝日のご都合主義も極まれり

２０１４・６・21

ワールドカップで日本中が過熱している今週、『週刊文春』（6月26日号）のトップのタイトルが秀逸。

「中国がほくそ笑む公明・朝日売国オウンゴール」

サブタイトルに「尖閣危機をよそに『集団的自衛権ＮＯ』で共闘」とあるが、創価学会のケツを叩いて、なんとか集団的自衛権を阻止しようという朝日の姿勢は露骨だった。

5月17日付朝刊1面で「行使『改憲経るべきだ』」「公明支持母体　創価学会見解」、4面では「自公協議に影響必至　創価学会、強い懸念」と報じた。

〈「昨年末、安倍首相の靖国参拝直後の社説では、朝日は政教分離の視点からも参拝を批判していた。ところがこの記事は、創価学会の見解を大きく報道することで、公明党の支持母体が強く反対しているとして、政治に影響を及ぼす狙いが見え見えです。それなのに、政教分離の問題点については一切触れていません」（政治部記者）〉

　朝日のご都合主義も極まれりだ。

「媚中派」「売国奴」とまで言われた丹羽宇一郎前駐中国大使（元伊藤忠商事社長）が『週刊現代』（6・28）で「敢《あ》えて苦言を呈」して「『中国よ、日本をなめない方がいい』」。

　かつて「日本は中国の属国になればいい」とまで言った人が、どの面さげて転向!?

〈（習近平は）比較的、親日派でフェアな人物〉

〈中国に進出している日本企業は約2万2０００社です。そして、現地の中国人を約１０００万人雇用しています。日本の貿易総額の２割が中国との貿易なのですから、中国は日本が大切なビジネス・パートナーであることを忘れてはなりません〉

　やっぱり商売の話か。

『週刊新潮』（6月26日風待月増大号）は特集全ページを使ってワイド特集42本。人の噂もこれだけ集めると読みでがある。「小沢一郎がガールズ探し」とか「アッキーのダブルブッキング」「W杯ホラ吹き解説選手権」とか、さすがにキャッチがうまい。

初めからわかろうとしない↓わからない

2015・6・6

初めからわかろうとしない↓わからない。

わかろうとはするのだが↓複雑すぎる議論でわからない。

わからないものなら賛成するより反対した方が無難。

というわけで「安保法案成立」について世論調査をすると反対が賛成を上回ることになる。

朝日　反対60％　賛成23％

産経でさえ　反対58％　賛成32％

今週は『週刊文春』『週刊新潮』（ともに6月11日号）がそろってこの問題を取り上げている。

『文春』、「安倍晋三首相よ国民をバカにするな！」」。

『新潮』、「心に響かない安保法制『国会論議』の不毛地帯」。

〈「安保法制審議の場では、居眠り、ばっくれ（途中退席）、暇つぶしの雑談が議員たちの『三種の神器』と化しています」（国会担当記者）〉（『新潮』）

なぜ〈会議は眠る〉（『新潮』）状況になるのか。

『文春』は〈安倍首相が、批判をかわそうとするあまり、子ども騙しの答弁に終始し、真正面から国民を説得しようとしていないからではないか〉。

『新潮』は〈官僚的頭脳を駆使し、ネチネチと攻める民主党の作戦が奏功した格好だが、〈「民主党、良くやった！」とする声は聞こえてこない〉。

なぜか？

〈「例えば辻元代議士は、相手の失点を引き出すことに集中（中略）。共産党の志位和夫委員長も（中略）クイズ的な質問をしたに過ぎず（ポツダム宣言の件＝筆者注）、国民の生命と財産を如何《いか》に守るかといった論点とは関係ありません」（政治ジャーナリストの山村明義氏）〉

佐瀬昌盛さん（防衛大名誉教授）が国会論戦の本質を喝破。

〈「与党にリスクを認める覚悟が欠けているから」〉（『新潮』）

結局は強行採決になるのでは、と予想されるが『週刊ポスト』（６・12）「安保法案『６・19強行採決』亡国の密約スッパ抜く」は匿名コメントばかりで消化不良。

主催者発表がいかにインチキか

2015・9・5

デモや集会の参加人数、主催者発表というのがいかにインチキかということは新聞記者ならわかっているはずだ。

8月30日、国会周辺の安保法制反対デモ、朝日新聞は「最大デモ」と見出しを打ち、〈主催者発表によると参加者は12万人〉、毎日も〈主催者発表では12万人で同法案に対する抗議活動としては最大規模とみられる〉。読売は警察関係者によるとして〈3万3000人〉。

新聞社なら、なぜ自社で調べないのか。平成19年の沖縄教科書デモの時、警備会社テイケイの会長がやったようにマス目に区切って数える手間さえかければ簡単にわかることだ（産経は1日付で自社による算出を試みて〈多くても3万2千人程度だった〉と報じた）。

で、『週刊新潮』（9月10日号）がこれにかみついて「主催者発表12万人！　本当は3万3000人！　赤旗が張りきる『国会デモ』は張りぼてのデモ」。

ある警備会社幹部の話。

〈「国内で過去最大の動員数を記録したイベントは、１９９９年、千葉の幕張メッセ駐車場で開催されたＧＬＡＹのライブで、20万人もの観衆が集まりました。この特設会場の客席面積は約15ヘクタール。一方、今回のデモで参加者が国会の外周を取り囲んでも、その総面積は３～４ヘクタールくらい。それをすべて埋め尽くしたと仮定しても、３万７０００人ほどの人数にしかなりません」〉

『週刊文春』（9月10日号）は安倍総理に対し「バカか、お前は」と言い放ったＳＥＡＬＤｓのリーダー格の学生のインタビューを4ページたれ流し。

件《くだん》の学生に「バカは、お前だ」と言いたくなった。

その『文春』のトップは「武藤貴也議員　釈明会見後も『今夜会える？』と口説きメール」。もう1本、グラビアと連動したスクープで「巨人・高橋由伸『乱倫なベッド写真』」。

どちらも後味は決してよろしくない。

後者は相手をした銀座ホステスの元同僚のタレ込みらしい。いったいどんな理由かは知らないが、それにしても女は怖いなぁ。

安全保障論ができなかった責任は野党にある

2015・9・19

特別委員会で鴻池祥肇《こうのいけよしただ》委員長を取り囲んで怒鳴ったり、問責決議案、不信任案を乱発したりして採決を引き延ばすことにいったい何の意味があるのか。

福山哲郎、白眞勲《はくしんくん》、小西洋之議員らの暴力的パフォーマンスを見ているとつくづくいやになる。議論が尽くされていないというが、くだらない枝葉末節のことで揚げ足取りばかりやっていたからではないか。

もっと本質的な防衛論、安全保障論ができなかった責任の大半は野党、とくに野党第一党の民主党にある。

という思いに応えてくれるのはやっぱり『週刊新潮』(9月24日菊咲月増大号)だ。トップの特集がワイド型式の「『安保法案』7つの疑問」。

たとえば必ず出てくる「違憲訴訟」については「長い時間がかかる『違憲訴訟』の最終的な結末は?」。

元裁判官、井上薫弁護士の解説。

〈「どんなに荒唐無稽な訴状でも裁判所はいったん受理する。ただ、そういった無理筋の提訴のほとんどは、憲法判断に入る前に『却下』」〉

ただし、全てが却下とはならない。

〈「裁判を担当して有名になりたいという裁判官がいますからね。その功名心から、全体の2～3割が審査の対象となる（中略）判決が出るまでに1年くらいかかる。それにしても、棄却されるでしょうが」〉。カネと時間のムダだ。

もう一本。「『国会デモ』の新聞全面広告の代金は誰が出した？」

9月13日、朝日、毎日、東京に「強行採決反対！　戦争法案廃案！　安倍政権退陣！」の全面広告が掲載された。出したのは「戦争させない・9条壊すな！　総がかり行動実行委員会」なる組織。

〈「朝日に全面広告を1回出すだけでも数千万円かかる（中略）3回ですから、総額では1億円以上」〉

中心メンバーによると「カンパ」だというのだが。

〈「振り込め詐欺団の裏には暴力団が隠れているが、〝△△委員会〟の裏にも必ず誰かが隠れているのだ」〉

スマン、他誌に触れる余裕がなくなった。

「『イスラム国と話し合え』という綺麗事文化人」

2015・11・28

パリのテロ事件とISに関してテレビ朝日系「報道ステーション」の報道ぶりは目に余る。

『週刊新潮』（12月3日号）が早速、嚙《か》みついて、「『イスラム国と話し合え』という綺麗事文化人」。読んで胸のつかえが降りた。

朝日新聞の投書欄「声」、TBS系「サンデーモーニング」のコメンテーター田中優子法政大学総長などの意見を批判した後、〈真打ち〉として取り上げたのが「報ステ」の古舘伊知郎キャスター。16日の放送ではこう言い放ったという。

〈この残忍なテロはとんでもないことは当然ですけども、一方でですね、有志連合の、アメリカの誤爆によって無辜《むこ》の民が殺される（中略）ドローンによって無人機から爆弾が投下されて、皆殺しの目に遭う。これも反対側から見るとテロですよね〉

続いて19日。

〈この日の『報ステ』は、ISの美点ばかりが描かれた、イスラム国の宣伝映像を「解

析のため」に5分間放映。続いて、アメリカの誤爆で家族を失い、自らも怪我《けが》を負ったパキスタン少女のインタビューを流す〉

要するに「報ステ」、古舘キャスターは「空爆もテロ」「ＩＳには軍事力より対話を」と言いたいらしい。が、〈論外の主張〉と中西輝政京都大学名誉教授が一刀両断。

〈「テロとは一般の庶民の生命と財産を意図的に奪い、人々に恐怖を与え、自らの主張を通そうというもの（中略）誤爆は決して故意ではない（中略）人道的な意味でのモラルのレベルがテロとはまったく違うのです」〉

〈「テロと同一視する議論は、テロの悪質さを覆い隠してしまうという意味で、結果的にイスラム国を利するもの（中略）そのレベルでの発言しかできないのは、国際社会における日本への信頼を傷つけることに繋《つな》がります」〉

今週はこの『新潮』の記事と、『ニューズウィーク日本版』（12・1）の大特集「テロの時代　世界の転機」14ページ、巻頭のコーナー「ペリスコープ」の４ページを読めば十分。

早い方が安倍政権のダメージは少ない

2016・1・23

このケースはちょっと言い逃れできないのではないか。甘利明経済再生担当相、辞任するなら早い方が安倍政権のダメージは少ないだろう。

ベッキー不倫騒動に続いて『週刊文春』（1月28日号）がまた大スクープだ。「実名告発『甘利明大臣事務所に賄賂1200万円を渡した』」

事件の経過だが、千葉県白井市の建設会社S社とUR（独立行政法人都市再生機構）の間で道路建設をめぐりトラブルが発生。平成25年5月、S社の総務担当者、一色武氏が、甘利氏の地元事務所に仲介を依頼。事務所長の清島健一公設第一秘書らが動いて一件は解決したが（補償金約2億2千万円）、さらに〈巨額な補償交渉へと発展し〉というもの。

〈「私は自分の身を守る手段として、やりとりを録音しています（中略）領収書はメモと一緒に保管してきました。口利きの見返りとして甘利大臣や秘書に渡した金や接待で、確実な証拠が残っているものだけでも千二百万円に上ります」

そう言って、彼（一色氏）は膨大な資料やメモ、五十時間以上にも及ぶ録音データなどを小誌に提供したのだった〉

ひとつ気になるのは、一色氏が告発に踏み切った動機が不明朗な点とあまりの用意周到さ。

それと昨年10月19日、清島秘書に別件で20万円を渡したとき、『文春』がひそかに同行し、写真を撮っていること（グラビアに掲載）。この点に限ると、これはひっかけではないのか。

ＳＭＡＰ解散騒動も一件落着したのは喜ばしい。で、その内幕だが。

『文春』は関連会社「ジャニーズ・エンタテイメント代表」が「ＳＭＡＰ裏切りと屈伏　ジャニーズ首脳実名告白」。『週刊新潮』（1月28日号）は「独占１００分『メリー喜多川副社長』かく語りき」など大特集。

甲乙つけ難い。

『ＡＥＲＡ』（1・25）が特集で「創価学会　悩む巨大宗教」を中心に新宗教大特集。久しぶりに読んだ。

「ショーンKの嘘」

2016・3・19

小渕優子議員の政治資金報告書疑惑や、宮崎謙介議員の不倫騒動を週刊誌がスクープしたとき、テレビはしきりに「自民党の身体検査はどうなっているのか」と言い立てた。

その言葉が、そのままブーメランのように跳ね返ってきたのが、今週、『週刊文春』(3月24日号)がスクープした「ショーンKの嘘」。

テレビ局はキャスターやコメンテーターに起用する人物の「身体検査」なんて一切やっていなかったのだろう。

ショーン・マクアードル川上氏、フジテレビの「とくダネ!」やテレビ朝日「報道ステーション」などのコメンテーターを務めていた〝イケメン・コンサルタント〟。

主婦層を中心に人気があったそうで、4月4日から〈フジテレビが社運を賭けてスタートさせる〉平日深夜の情報番組「ユアタイム～あなたの時間～」のメーンキャスターに決まっていた。

ところが、自らホームページで紹介していた〈ニューヨーク生まれ〉〈テンプル大学でＢＡ（学位）、ハーバード・ビジネス・スクールでＭＢＡ（経営学修士）を取得。パリ大学に留学〉という経歴も、〈ニューヨークなど世界の７都市を拠点に戦略コンサルタント業務〉〈年収30億円〉などという職歴も、すべてデタラメだったのだ。『文春』の厳しい追及に、本人も全面降伏し、すべての番組から降板。それにしてもフジテレビ、番組スタート前でほっとしたろう。

もう一度言う。テレビ局に「身体検査」はないのか。こんな男にしたり顔でコメントさせていたテレビ局。無責任極まる。

で、ライバルの『週刊新潮』（３月24日号）も奮起して「秘書にセクハラ！堂々と二股！『石崎徹代議士』の不道徳な日常」。「安倍チルドレン」の一人だそうだが、二股どころじゃない発展ぶりで、〈政治家というよりは、性事家と呼ぶに相応しい〉。

それなりのスクープだが、『新潮』、今週はタイミングが悪かった。

「日本会議」批判は〝過大評価〟

2016・6・18

このところ「日本会議」という組織に対する批判が喧しい。

『週刊ポスト』(5月27日号)、『週刊金曜日』(5月27日号)、朝日新聞出版発行の月刊『Ｊｏｕｒｎａｌｉｓｍ』5月号……。

で、今週は『週刊朝日』(6・24)が昨年10月に続き、2度目の特集で「日本会議と安倍首相」。

だが、これまでの各誌の特集と同じで新味はない。ほとんどが、今、ベストセラーになっている菅野完さんの『日本会議の研究』(扶桑社新書)に寄りかかったもの。

各誌の言わんとするところは、

①日本会議国会議員懇談会に多くの議員が参加している。
②安倍内閣の閣僚20人中13人が所属。
③日本会議は憲法改正を主張。昨年11月10日、武道館で憲法改正1万人集会も開催。
④会議の中心人物はかつて生長の家の幹部だった――。

憲法改正を目指し〈安倍政権を陰から操っている〉〈謎の組織〉と言いたいらしいが、菅野さん自身がそれには異を唱えて、

〈「今の日本社会全体の空気が『反左翼』になっている」〉〈「それが日本会議の路線とぴたりと一致した」〉だけ。

「日本会議」の会員はたった３万８０００人。長い間、地道に活動を続けてきたからそれなりの力は持っているが、〝過大評価〟と言うべきだろう。

舛添要一都知事がようやく辞任。

『週刊文春』（6月23日号）は〈独走第7弾〉で「舛添『辞職』をめぐる核心　最後のブレーン女性社長激白１００分「出版社社長」の正体」。

『週刊新潮』（6月23日号）は「白々しい言い訳はもう聞き飽きた！　さよなら『舛添要一』都知事」。

都知事の言い訳も飽きたが、週刊誌の舛添特集もさすがに飽きた。

『ニューズウィーク日本版』（6・21）は表紙に大きく「ヒラリーはトランプを倒せるか」。

結論は〈どんなどんでん返しが待ち受けているか最後まで目が離せない〉。そんなこと言われなくともわかる。

このタイトルはちょっと行き過ぎ

2016・7・2

どう考えても、この内容で、このタイトルはちょっと行き過ぎ。

『週刊文春』（7月7日号）のトップ「安倍首相自ら口説いた参院選トンデモ候補青山繁晴」。

何が〝トンデモ〟かというと主たる話は通信社記者時代の1996年、ペルー日本大使公邸人質事件で現地に派遣された時のこと。

〈「彼はペルー滞在の四カ月で約千五百万円の経費を使った。そのうち少なくとも四百五十万円に私的流用の疑いが掛けられました」（元同僚）〉

約130日間、一度も帰国せず現地で取材を続けていれば、その程度使っても不思議はないと思うが……。

いずれにしろ青山さんは97年の退職時に〈「四百五十万円ほどを退職金で相殺する形にしたのです」（元同僚）〉。

青山さん自身もこう釈明している。

〈「半年間ですから、むしろ少ない額だと思います」〉〈「あの事件中に、どうやって私的に使うことができるのか僕は聞きたいくらいです」〉

あとの細かい点はそれぞれの言い分が違っているし、青山さんが〈小誌記者を激しく罵倒する〉様子を長々と書いているだけ。

選挙戦、真っ最中に、このタイトルで報じるのはやはり行き過ぎだ。

その『文春』、小欄が先週、「まるで健康雑誌の『壮快』だ」と書いた『週刊現代』を「『週刊現代』医療特集のウソ」と真っ向批判。

〈「胃がん、大腸がん、肺がんの8割は手術しないほうがいい」は根拠なし！「腹腔鏡手術が開腹手術より危険」というのもデタラメ〉と手厳しい。

鳥集徹さん（ジャーナリスト）によるレポートだが、ある肺がんの専門医はこう語っている。

〈「多くのことに関して一％以下のリスクを八〇％起こるがごとく過大な誇張で説明されています（中略）憤りを覚えます」〉

『文春』の完勝。

『週刊新潮』（7月7日号）「まさかの英国『EU離脱』20の疑問」。細かいエピソードを拾っておもしろい。

二大週刊誌に同時掲載させた告発

2016・9・3

前にも書いたが、何かを告発しようとする者は、その〝効果〟を考えて媒体を選ぶ。

今週、『週刊新潮』（9月8日号）はトップで「『インサイダー』捜査中止を企てた『山本幸三地方創生大臣』の国会質問」。

まったく同じネタを『週刊文春』（9月8日号）は「インサイダー疑惑の人物から5千万円　国会質問で強制調査に〝圧力〟『アベノミクス大臣山本幸三』の罪」。

これが偶然の一致ということは有り得ない。要は山本地方創生相を告発し、安倍内閣にダメージを与えようという人物が、両誌にタレ込んだに違いない。

『文春』が〈告発スクープ〉と打っているから、少なくとも『文春』は『新潮』が同じネタを特集しているとは知らなかったのだろう。

二大週刊誌に同時に記事を掲載させたのだから、告発する側としては大成功ということだ。

で、「告発」の内容。

２０１２年、山本氏は衆院予算委で当時ＳＥＳＣ（証券取引等監視委員会）が強制調査、告発したインサイダー取引に関して質問、自見庄三郎金融担当相を厳しい言葉で責めたてた。

〈〝私（山本氏）の知人〟である吉岡（宏芳）被告に対するＳＥＳＣの調査を問題視して〉〈ＳＥＳＣの存在意義にさえも、疑問を投げかけている＝『新潮』〉

ところがその一方で、山本氏は吉岡被告と関係のある会社の社長を務めていた――。

要するに山本氏は、岩井奉信日本大学教授の指摘によると、

〈「国会議員の職務権限を行使して、ビジネスパートナーを守るような質問をし、自分が代表取締役を務める会社への利益誘導をしているのです」＝『新潮』〉

むろん、山本氏は全面否認。それにしても今や、大臣の〝身体検査〟、週刊誌が一手に担っている。

『ニューズウィーク日本版』（9・6）「トランプの黒歴史」、必読。

今週はトランプ大統領一色

2016-11-19

「福原愛『錦織圭の童貞奪った』告白」（11・10深秋大サービス特大号）
「小池百合子『風俗界を改革』秘話」（11・17特大号）
「トランプ絶倫SEXと第3次世界大戦」
『アサヒ芸能』、ここ3週のトップ記事のタイトルだが、ま、ここまで徹すればたいしたものだ。で、中身だが……ま、やめておきましょう。興味のある方は、ご自身で確かめていただきたい。

今週はトランプ大統領一色。


『週刊文春』（11月24日号）「トランプ『裏の顔』」8ページ。

『週刊新潮』（11月24日号）ワイド型式で「『トランプ大統領』25の疑問」10ページ。プラス佐伯啓思さん、山口真由さんの寄稿5ページ。

『週刊現代』（11・26）「トランプが世界経済をぶっ壊す」23ページ。

『週刊ポスト』（11・25）「トランプ大統領で本当によかった！」6ページ。

『週刊朝日』（11・25）「トランプが安倍政権を潰す」6ページ。

『サンデー毎日』（11・27）「不安だらけのトランプ大統領」25ページ。

各誌がトランプを不安視するなかで『ポスト』だけが逆張りに出て「本当によかった」とやってるわけだが、実は小さく「と、大マジメに話す人たちの声に耳を傾けてみた」と続いている。

たとえば小林よしのりさんの意見。

〈「トランプが尖閣を守るために米軍を出すわけがない。だからこそ、自主防衛のための憲法改正を議論せざるを得ない（中略）対米依存を脱却し真の独立国になるための本来あるべき憲法改正が議論できる」〉〈「わしは日本にもトランプみたいな政治家が現れればいいと思っている」〉

『新潮』の「25の疑問」からひとつ。

「メキシコの壁の実現にいくら掛かるか？」

米紙ワシントン・ポストが依頼した調査会社によると〈150億ドル（約1兆6600億円）から250億ドル（約2兆7000億円）〉〈最終的には資金不足に陥り、頓挫〉だそうだ。

一誌選ぶなら『新潮』か。

「安倍・トランプ非公開会談全内幕」

2016・11・26

11月17日の安倍トランプ会談を「朝貢外交」と罵《ののし》ったのは民進党・安住淳代表代行だが、バカなことを言ったもので、自らの外交感覚の無さをさらしただけだ（ついでだが、中国の「環球時報」も「朝貢外交」と報じた）。

『週刊文春』（12月1日号）でジャーナリストの山口敬之さん（元TBSワシントン支局長、幻冬舎刊『総理』の著者）が会談の実際を。

「安倍・トランプ非公開会談全内幕」

なぜ、安倍総理が会談の内容を語らないのか。ホワイトハウスから「来年1月まではオバマが大統領」とクギをさされたという話は伝わっていたが、山口リポートによると、安倍総理を1階で見送るとき（これも異例）トランプ自身がこう口にした。

〈「去りゆくオバマ大統領への敬意も込めて、会談の内容は一切外に漏らさないようにしましょう」〉。安倍総理はその態度に〈深く感銘を受けた〉という。

私邸での会談もあくまで〈プライベートな印象を与えるため〉で、会談後トランプは自身のフェイスブックにこう記した。

〈Ｐｒｉｍｅ　Ｍｉｎｉｓｔｅｒ　Ｓｈｉｎｚｏ　Ａｂｅ　ｓｔｏｐ　ｂｙ　ｍｙ　ｈｏｍｅ（安倍晋三首相が私の家に立ち寄ってくれた）〉

予定の倍近く、85分の会談で何が話し合われたか。

〈もちろん雑談等ではなく、ＴＰＰ、日米同盟、互いの最優先課題など、多岐にわたった〉

安倍総理の感想。

〈「一番驚いたのは人の話を非常によく聞く人だという事だ。じっくりと付き合っていける人物かもしれない」〉

『ニューズウィーク日本版』（11・29）、編集部前川祐補記者の「『怒れる韓国』の危うい未来」は日本の新聞が報じない現地の表情を伝える優れたリポート。

〈一体何に対して怒っているのか、彼ら自身よく分かっていない節もある。何より大統領の辞任という共通の悲願が達成されたとして、彼らはその先にどのような韓国の未来像を描いているのか〉

これに尽きる。

第8章

イデオロギーか、劣化か

口惜しさがにじみ出た社説

2015・7・22

新国立競技場建設の見直し、良かったではないか。安倍晋三総理の決断、国民の多くの支持も得ている。朝日新聞の世論調査だって、「評価する」が74％。

あきれ果てたのは18日の朝日新聞の社説だ。

「強行政治の行き詰まりだ」と題して、書き出しが〈安倍首相の言葉が空々しい〉。新競技場計画については、「空前の財政難のなか、無謀な巨費を投じる愚策」と言い、「公共事業にほど遠い代物だった」と断ずる。

朝日が計画発表の当初から、それほど厳しく計画を批判していたとは寡聞にして知らなかった。

で、安倍総理の決断に対しては〈急な心変わりは、審議を重ねるほど異論が高まった安全保障関連法案を、衆院で強引に採決したタイミングと重なり合う〉〈内閣支持率の低落傾向に歯止めをかけたい。そんな戦術と勘ぐられても仕方ない〉

まさに典型的なげすの勘繰り。げすの勘繰りの見本みたいな社説だ。

平和安全法制に続いて安倍批判の絶好の材料と手ぐすね引いていたら、みごとに肩すかしを食ってしまった口惜しさがにじみ出ている。

よしんば朝日の勘繰るように「戦術」だったとしても、見直しを決断した方がよかったではないか。

朝日も前日まで「見直せ」「見直せ」と連呼していたではないか。

そして朝日は論を強引にこう引っ張っていく。

〈世論に押された末の今回の決定は、安倍流政治の行き詰まりも物語っている〉

時の政権を批判するのはいい。それがメディアの大きな仕事だろう。しかし、批判はあくまで公正中立、是々非々であるべきで、ここまで、坊主憎けりゃ…に徹するのは異常だ。

考えてみると、政治史上、現役の時に朝日に褒められた自民党の総理はいないだろう。

安倍総理、気にすることはない。朝日に褒められたら気色が悪い、と思っていればいいのだ。

朝日もそうだが新国立競技場の見直し問題でもっと不可解、いや不愉快なのは舛添要一都知事だ。

「こんな朝令暮改をやるな」

「大日本帝国陸軍と同じ無責任体制」

「組織委員会関係者の発言を検証するといい。主張の整合性より内閣支持率が優先か」

などなどツイッターまで使って言いたい放題。

たしかに当初、都の500億円負担問題で舛添知事は不快感をあらわにしていた。「税金を使うのだから、都民の理解がいる」と、ま、真っ当なことを言って下村博文文科大臣を批判していた。

それはそれで筋は通っていた。

ところが舛添知事、ある時点で、その強烈な反対をストップ。森喜朗氏や下村大臣とともににこやかに会見までしていた。

もしや、何か強力な鼻グスリでもかがされたのではと勘繰りたくなるほどの豹変《ひょうへん》ぶりだった。

ところが、見直しと決まったとたん、また元の怒りの舛添知事に戻ってしまった。見直しで鼻グスリの効果がなくなった結果では⁉　むろん勘繰りですがね。

ま、しかし、結果的には見直してよかった。あのザハ・ハディド氏の設計、金のかかり過ぎもそうだし、第一、周囲の風景になじまない。

前の東京オリンピックの時に丹下健三氏が設計した代々木の競技場、斬新なフォルムだが、周囲の風景に溶け合っているではないか。

朝日新聞の劣化がよくわかる

2015・10・14

5月24日の通常国会開会前後からの朝日新聞の「平和安全法制」（むろん、朝日新聞の表現は「安保法制」だ）に関する報道について調べてみた。

いやヒドイものだ。社会面、政治面、いくらなんでも、ここまで偏っているとは思わなかった。

この間（5月17日以来）、社説では反安保法制社説が37本。大詰めの9月に至っては9本。9月15日から21日までは7日連続。

ちなみに毎日新聞は（5月24日以来）48本だからもっとひどい。東京新聞は（5月27日以来）36本。

天声人語が（5月31日以来）25本。

読者投稿「声」欄で53本。昨年の従軍慰安婦記事、謝罪、訂正以来、「声」欄はアリバイ的に朝日新聞の論調に添わない投稿を時々、掲載するようになった。朝日新聞「声」欄投稿マニアの間では論調に反対する投稿の方が掲載される率が高いといわれているらしい（むろん、冗談ですがね）。

で、今回は、反対が42本、賛成が11本。

その他、短歌俳句欄にも反安保法制作品が度々掲載されている。

つまり、朝日新聞は紙面をあげて、平和安全法制に反対しているのだ。

話を社説に戻す。9月に入ってからのタイトルをあげてみると、〈「違憲」法案に反対する〉〈民意無視の採決やめよ〉〈国会は国民の声を聴け〉〈憲法を憲法でなくするのか〉……。

法案が深夜に成立した9月19日朝刊では、ゼネラルエディターなる人物が1面でこう書いている。

〈一体、自分たちはどこに連れていかれるのか、というどうしようもない不安（中略）それが安全保障法案に対する多くの人の気持ちだったのではないか〉

こういうセンチメンタルな書き方が実に嫌だ。

そんなに多くの人たちが、どうしようもない不安を抱えていたのだろうか。このゼネラルエディター氏はいったいどうやって、そんなに多くの人たちの不安がわかったのだろうか。

20日の社説も「不安」という言葉を使っている。

〈日本が大事にしてきたものが壊されてしまうという不安（中略）怒りと悔しさと今後に向けた決意がないまぜになったコールが、夜を徹して響き続けた〉

で、結語が、

〈主権者一人ひとりの不断の努力が、この国の明日を希望で照らす〉。

クサイなあ。この論説委員氏、本気でこんなことを書いているのだろうか。

朝日新聞の反安保法制報道についてはまだまだ書きたいことがあるのだが、10月16日のインターネットテレビ、櫻井よしこさんの「言論テレビ」で、櫻井さん、産経の阿比留瑠比さんとこの問題を論じるので、関心があればぜひ。

一つだけ付け加えると、60年安保の時の朝日新聞の社説と比べてみたが、大きく違っていたのが、デモに対する態度。

今回の社説その他では、国会周辺のデモをむしろ礼賛し、あおっている。

が、60年安保の時の社説はきちんとたしなめているのだ。

〈行き過ぎた荒々しい大衆行動によって、政治的事態を変更しようとするような行き方は、それ自体、民主主義の行き方ではない〉〈首相官邸などに乱入して、一体、何の役に立とう。効果はむしろ逆であることを、十分に考えなければいけない〉

正論ではないか。

今回の朝日新聞の社説を読めば、朝日新聞の劣化が実によくわかる。

あきれた〝赤い天声人語〟

2015-10-21

先週、このコラムで「朝日新聞の劣化」を書いたが、どうして、とてもそんなレベルではなかった。

10月19日、朝日新聞の「天声人語」を読んで腹が立った、いやあきれ果てた。これぞまさしくデマゴギー。朝日新聞はいつから赤旗になったのか。

「天声人語」と言えば、代々、朝日新聞の記者の中から文章家が選ばれ、大学入試問題などにもたびたび採用された、名物コラム。

古くは荒垣秀雄、入江徳郎から疋田桂一郎、深代惇郎の各氏まで、いわゆる〝名文記者〟を輩出してきた。

その「天声人語」がなんと野党各党は、共産党が提案している「国民連合政府」構想に参加せよと露骨に呼びかけているのだ。

先週、書いたように朝日は5月以来、紙面を挙げてというか、まさに総動員体制で、反安倍政権、反「平和安全法制」に狂奔してきた。

「天声人語」でも25回も取り上げてきた。ちなみにかの慰安婦問題の「吉田証言」は15回取り上げている。

結果は9月19日未明に平和安全法制は成立。

朝日はそのことがよほど悔しかったのであろう。なんとか巻き返しを図ろうと、あがいた結果が19日の「天声人語」と見る。

書き出しは政界のフィクサーといわれた福本邦雄さんの思い出から始まる。

取材するたびに〈生々しい裏話に驚かされ〉〈辛辣《しんらつ》な人物評と、自民党の「右傾化」を憂える言葉が印象に残る〉という。

ぼくも福本さんはよく知っていて、福本さんが経営する有楽町の画廊に時々、伺った。

ザックバランな人柄で近所の喫茶店でコーヒーを飲みながら聞く政界の裏話や昔話は実に面白かった。

19日の「天声人語」は先ず福本さんが回顧録で政治の要諦を「あまり欲を出すと、駄目」と語っていると書く。

問題はここからである。

「あまり欲を出すと、駄目」というのは〈「一内閣一仕事」くらいで良しとせよ、ということか〉と勝手に独りよがりの解釈。

そこから突然、無理やり「左」にカーブを切ってくるのだ。

〈今、たった一つの仕事だけのために新政権を樹立しようという提案が注目を集めている。共産党が唱える「国民連合政府」構想だ。目指すのは「違憲」の安保法制廃止という一点〉

そしてこう続ける。

〈暫定だから、日米安保の廃棄や自衛隊解消といった党の根幹の政策は凍結する〉

〈今の「一強多弱」状況は少なくとも野党間の選挙協力なしには覆るまい〉

で、結論。

〈それぞれの「欲」の抑えどころだと思うが〉

要するに成立した「平和安全法制」を廃案にし、一強多弱状況を覆す、つまり安倍政権を倒すためには、お前ら野党は共産党に協力しろよ、と言っているのだ。

赤旗じゃ、あるまいし。

長年、朝日新聞を批判的に読んできたが、これほど露骨、これほどストレートな書き方は初めて目にした。

それだけ朝日が焦っている証左でもあろう。

共産党が甘口のキャッチフレーズを唱えて権力を握ったときにどんな事態が現出したか。

旧ソ連、現在の中国の歴史をちょっと振り返ってみればわかるではないか。

その時、朝日新聞はプラウダか人民日報になって生き延びるつもりなのだろう。

「自民の圧力」に論点すり替え

2015・11・11

朝日新聞の安倍晋三首相憎し、自民党叩きもここまでひどいかとあきれた。

11月7日の朝刊各紙はNHK『クローズアップ現代』で昨年5月に放送された「出家詐欺」報道について、BPO（放送倫理・番組向上機構）の放送倫理検証委員会が発表した意見書について1面、社会面で報じた。

いちばん大きな見出しだけ並べてみると――。

読売「BPO『重大な倫理違反』」

産経「NHK重大な倫理違反」

この問題、今年3月『週刊文春』がスクープ告発して〝やらせ〟が発覚。

番組では詐欺を斡旋《あっせん》したとするブローカーと多重債務者の男性が出家詐欺について密談している様子を放送したが、実際にはNHKのディレクターが指示。その部屋もそのディレクターが借り、ブローカーとされた男も旧知だった。

これを〝やらせ〟といわずして何を〝やらせ〟というかというくらいのものだ。

ところがNHKはやらせを認めず、担当ディレクターの処分も軽微、本来ならクビになっても文句の言えない話だ。

で、BPOが調査に乗り出し、その結論が6日に出たから7日朝刊各紙が報じたわけだ。

要するにBPOの調査の眼目は「クローズアップ現代」が「やらせ」をやったかど

うかということだ。

そしてBPOが発表した意見書の要点は——
①重大な放送倫理違反があった。
②報道番組で許容される演出の範囲を著しく逸脱。
③『隠し撮り』風の取材は事実を歪曲《わいきょく》。
④NHK放送ガイドラインの「やらせ」の概念は視聴者の一般的感覚とは距離がある。
つまり、「クロ現」の「出家詐欺」報道はやらせだと言っている。あれがやらせじゃないとするNHKの言い分は通らないよ、と言っているのだ。

だから、読売、産経の大見出しは至極真っ当、内容に即したものだ。

ところが——。

朝日の大見出しは「自民の聴取『圧力』と批判」。

毎日は1面トップで「BPO　政府の介入批判」。

東京、これも1面トップで「『NHKに自民圧力』」。

朝日は社会面でも「『番組介入許されない』」。

NHKのやらせ問題を「政府の介入」「自民の圧力」問題に完全にすり替えている。

むろんＢＰＯ報告書に「政府の個別番組の介入は許されない」「政権党による圧力は厳しく非難されるべき」の文言も入ってはいるが、この報告書の主要部分ではない。

しかも、政府の介入について高市早苗総務相は「あくまで要請、いきすぎとも拙速とも思っていない」ときちんと反論している。

なのに自らの主張に沿う部分を拡大して、大見出しをつけて印象操作。

どこかで見た構図ではないか。

そう、昨年5月20日朝日新聞朝刊の1面トップ、福島第一原発に関する吉田調書〝スクープ〟の見出しそっくりなのだ。

「所長命令に違反　原発撤退」

「福島第一　所員の9割」

あれが角度をつけた、デタラメな見出しだったことを朝日は従軍慰安婦の吉田証言問題と併せて訂正、謝罪したはずではないか。

要するに朝日は何も反省していないのだ。

勉強不足だから解説も道徳論に

2016‐5‐11

最近、なぜ新聞がつまらないか。もう20年ほど前、評論家の日下公人さんが、こんなことを言っていた。

①最近の新聞は取材力が衰えている。取材力不足のまま報道する。
②だから報道に迫力がない。迫力がないから解説に逃げる。
③勉強不足だから解説も道徳論に逃げる。
④道徳論も結論を言うのは勇気がいるから一般的な願望を述べて終わる。

この４項目、現在の新聞、とくに社説にそのまま当てはまるではないか。
つまり、新聞はこの20年、少しも進歩していないのだ。どころか劣化しているといった方がいい。

こんなことを考えたのもこの連休中、いつも慌しく目を通している新聞各紙をじっくり読んだからだ。

とくにひどいと思ったのは各紙の社説。論説委員以外、誰も読んでないといわれる各紙の社説だが（論説委員だって、他紙の社説をちゃんと読んでいるかどうか怪しいものだ）、日下さんのいう4項目の③、④なんかぴったりではないか。

例を挙げよう。

まず、5月1日付毎日新聞の社説。

4月30日北京で行われた岸田文雄外相と王毅外相の会談に触れたもので、タイトルは「安定した対話の継続を」。

〈安定的な日中関係を構築できるよう期待したい〉

それはいい。当然のことだ。

が、日中関係がギクシャクしている原因について、毎日はこう言う。

〈中国がいらだちを募らせたのは、日本が南シナ海での海洋進出を巡って中国をけん制し続けていることだ〉

話が逆だろう。前提が間違っている。

中国が南シナ海に進出、島を埋め立てて基地をつくったり、東シナ海ガス田周辺にまでプラットホームを建設したから、日本が、ごく遠慮がちに〈中国をけん制〉しただけではないか。

〈アジアの2大国である日中関係の停滞は、東南アジア諸国にとっても「踏み絵」を

迫られる不安材料として認識されている〉

これも違う。〈不安材料として認識されている〉のは中国だ。

もう一例。５月２日付朝日新聞の社説。

ＮＨＫ籾井勝人会長の「ＮＨＫは当局の発表の公式見解を伝えるべきだ」という発言にかみついたもので、タイトルは「政府の広報ではない」。

〈事実を多面的に伝える〉のが〈報道の基本〉というのは正しい。

〈発表内容を必要に応じて点検し、専門知識に裏付けられた多様な見方や、市民の受け止めなどを併せて伝えるのも報道機関の不可欠な役割だ〉

これ、まさに朝日新聞自体について言えることではないか。自分の頭のハエを追え！

〈多くの視聴者は（中略）多角的な報道を自分で吟味したいと考えているのだ〉

わかっているではないか。

これも〈多くの視聴者〉を「多くの読者」と変えれば、そのまま朝日に当てはまること。

で、結論。

〈このままでは、ＮＨＫの報道全体への信頼が下がりかねない〉

ここも〈ＮＨＫの報道〉を「朝日の報道」と変えれば、そのまんま通用する。

迫る中国、信じる朝日

2016・6・15

中国は本気だ。

9日未明、中国海軍の軍艦が尖閣諸島周辺の接続水域に入った事件。軍上層部の指示を受けた軍事行動か否かは、今のところわかっていないが、齋木昭隆外務次官が程永華駐日中国大使に告げたように「一方的に緊張を高める行為」であることは間違いない。

このところ対中圧力を強めている日米に対して中国側が相当イラついている証拠。あきれるのはいつもながらの中国側のコメント。というかずうずうしいやつにはかなわない。

「（齋木）次官はお分かりだと思うが、尖閣諸島は中国の領土だ。抗議は受け入れられない。ただこちらも事態がエスカレートすることは望まない」

盗っ人たけだけしいとはまさに中国のことだ。

それにしてもあきれたのは、この重大事件に対する朝日新聞の報じ方。

その日（9日）の夕刊、読売新聞、毎日新聞は一面トップで大きく報じた。

ところが朝日夕刊の一面トップは「渥美清さん没後20年」という超ヒマダネ。1面左で報じてはいるが「中ロ軍艦　接続水域航行」と、まるで緊迫感が感じられない。

そして翌10日朝刊、産経新聞が一面トップで大きく報じたのに対し、朝日新聞の1面トップは「仮想通貨、来秋一般向けに　三菱UFJ、大手で初」。これまた何もこの日に報じなくてもいいネタだ。

なんとか事件を小さく見せよう、小さく見せようという朝日新聞の姿勢が見え見え。参院選直前、野党とともに安保法制反対キャンペーンを張っている朝日新聞としては、実にタイミングの悪い、かつ不都合な事件だったのだろう。

もっとあきれたのは社説。

各紙は翌10日に掲出。

「危険な挑発行為をやめよ」（産経新聞）
「危険増した挑発に警戒せよ」（読売新聞）
「緊張高める行動やめよ」（毎日新聞）

中国の行動を厳しく批判したのに対し、朝日新聞は1日遅れの11日。しかもタイトルが、

「日中の信頼醸成を急げ」。

一応、〈中国海軍の動きは決して容認できるものではない〉と書いてはいるものの、〈事実関係がわからないまま不信が募れば、さらなる緊張を招きかねない。日中間に最低限の信頼を築くことが急務だ〉

南シナ海や東シナ海で無法な行為を繰り返している中国とどうやれば〈信頼を築くこと〉ができるのか。

朝日新聞にはぜひ具体的な方法を教えてほしいものだ。

で、朝日新聞社説の結論は、

〈政治、外交、軍事、経済、文化など幅広い分野で、重層的な対話の回路を広げていく必要がある。留学生など市民レベルの交流も、もっと増やしたい。対話のなかで、お互いの意図を理解し、誤解による危機の拡大を防ぐ。求められるのは、日中双方による地道な信頼醸成の取り組みである〉

思い出したのは百田尚樹さんの小説『カエルの楽園』だ。

ウシガエルが崖を登ってきても、まだ「話し合いで」とか言ってるデイブレイク(「夜明け」、何を象徴しているかはわかりますよね)。結局、ツチガエルたちは皆、ウシガエルに喰われてしまう。

朝日新聞の論説委員は全員『カエルの楽園』を読むべし。

第9章 『週刊文春』ともあろうものが

「安倍晋三記念小学校〝口利き〟したのは私です」

2017・3・4

『週刊文春』ともあろうものが、このタイトルはいただけない。

3月9日号のトップ「国有地『8億円値引き』キーマン実名初告白　安倍晋三記念小学校〝口利き〟したのは私です」。

10年以内の買い受けを約束した定期借地契約といい、ゴミ撤去費約8億1900万円などを引いた1億3400万円での売買契約といい、森友学園への国有地払い下げ、どう考えたって不自然に見える。

共産党などはそこに自民党政治家が介在しているのではと連日、国会で追及。その最中にこのタイトルがどーんとくれば、しかも〝文春砲〟、誰だって、安倍総理が口利きに関与したと思う（編集注／「安倍晋三記念小学校」と朝日新聞や野党が煽ったが森友学園が開校を目指した小学校の設置趣意書には「開成小学校」と記載されていたことを和田政宗参議院議員が明らかにした）。

ところが読んでみると、一時安倍事務所に出入りし、その後、鳩山邦夫事務所で無報酬の「参与」となった人物が、森友学園の籠池泰典理事長に頼まれ、近畿財務局の2人の職員と会って話をしたというだけのこと。

完全な肩すかし。『文春』らしくもない。

民放のニュースやワイドショーも、連日、森友学園の籠池理事長が園長をつとめる幼稚園の偏向教育ぶりを面白おかしく伝えている。名誉園長を引き受けた安倍昭恵夫人、籠池理事長に押しつけられただけで、国有地払い下げ疑惑とは何の関係もない。

『週刊新潮』(3月9日号)がやはりトップで「森友学園『ドアホ理事長』と交わった『安倍昭恵』」。

昭恵夫人をやんわりとたしなめ、〈安倍事務所も昭恵夫人も森友学園の土地取引にはタッチしていなかった〉。

『週刊朝日』(3・10増大号)もこの事件がトップで「安倍夫妻と『愛国』理事長」。丁寧に取材しているが、「日本会議」と結びつけているのはややムリ筋。

『週刊現代』(3・11)「妻・昭恵の『暴走』で安倍『退場』の大ピンチ」〈今回、本誌は森友学園と籠池氏に取材を申し込んだが、媒体名を告げると「お断りします」と一方的に通話を切られてしまった〉は情けない。

断られたところから週刊誌記者の仕事は始まるのではないか。

「ドアホ理事長の園児『洗脳』『虐待』」

2017・3・11

すごいタイトルをつけるものだ。

『週刊新潮』（3月16日号）、ワイド型式の10ページ特集「『森友学園』の火薬庫」。

そのトップが「ドアホ理事長の園児『洗脳』『虐待』」。むろん、あの籠池泰典理事長のことだが、それにしても「ドアホ」とは。続いて「正義漢気取り『鴻池元官房副長官』のホラ吹き前科」。内容はしかし、他誌を圧している。

3月1日の参院予算委で共産党小池晃書記局長が持ち出した「議員事務所の面談記録」、実は〈鴻池（祥肇）議員が森友学園の学校法人の認可をおろさせたくないので、共産党に情報を提供した〉（民進党桜井充参院議員のメルマガ）。

鴻池議員、なぜそんなことを。

〈「鴻池さんは、JC（日本青年会議所）時代からの麻生（太郎）さんのお友だちで、今も最側近。麻生政権の夢よ再びとの思いがあればこそ、大嫌いな共産党にネタを持ち込む暴挙に出た」（官邸関係者）〉

〈麻生氏再登板を見据えた安倍潰しに共産党を利用〉したというのだが……。

先週、『週刊文春』で「〝口利き〟したのは私です」と〈実名告発〉した川田裕介なる人物のいかがわしさも。

〈「川田さんは近しい人に〝本線の麻生―鴻池ラインに辿《たど》り着かせてはいけないから、俺が防波堤になる〟と電話をかけている」（永田町関係者）〉

しかも〈実は、彼は週刊文春で、『新建産業』（大阪・茨木市）という会社で働いていた経歴を明かしていない。「その会社は『麻生セメント』の特約販売店です。社長は奥下幸義といい、麻生財務相の有力な後援者。川田さんは社長の次男と以前から飲み友達」〉

むろん麻生財務相側は全否定。

『新潮』ではもう1本。「沖縄キャンプで『20代愛人』と連泊！　阪神主将『福留孝介』の範の垂れ方」。いかにも『新潮』らしい意地悪なスクープだ。

「睡眠薬で糖尿病が治療できる」と放送して謝罪に追い込まれたＮＨＫの情報番組『ガッテン！』。『週刊文春』（3月16日号）が早速、「徹底調査でバッテン！　ＮＨＫ『ガッテン！』を信じるな」。ここは「ためしてバッテン！」の方がスッキリするのでは。

呼び捨てのタイトルにも驚いた

2017-3-18

何もここまで80歳を超した老人をいじめなくてもいいじゃないか、というのが率直な感想だ。

『週刊文春』（3月23日号）で小池知事が石原慎太郎氏を徹底批判。題して「小池百合子激白　石原慎太郎のウソを告発する！」。『文藝春秋』4月号の石原氏の手記「小池都知事への諫言《かんげん》　豊洲移転を決断せよ」への反論。

「元知事」も、「氏」もつけず、呼び捨てのタイトルにも驚いたが、中身がまた手厳しい。というか、小池知事の言いたい放題。

〈これは手記じゃなく、小説ですよ。非常にご自分に都合の良い解釈をしていらっしゃる。（中略）私に対する個人的な恨みを晴らすのが目的になってしまって、都民が本当に知りたいことは全く綴られていません〉

〈もちろん、高齢ですし、体調が悪いということについては、お気の毒な部分もある

と思います〉

〈石原さんは非常に情報が乏しい中で理解されているようにお見受けします。周りに正確な情報を入れてくれる方がいないのではないでしょうか〉

小池知事の石原氏攻撃、とどまるところを知らない。

〈何より週に二、三回の登庁で職務を済ませられるのは、超人的だと思います。（中略）そのことが都庁職員の士気を下げ、かつ都議会との歪んだ二元代表制を生んだのだと思います〉

読んでいて石原氏が気の毒になった。

『週刊ポスト』（3・24／31）の都議選予測では「小池新党　呆れるほどの圧勝!!」だそうだ。

森友学園騒動もついに国会で証人喚問まで決定。

『週刊新潮』（3月23日号）は「文科省に圧力電話する『安倍昭恵』は私人か！」と「『森友学園』の魑魅魍魎《ちみもうりょう》」の2本立て。『文春』も「籠池ファミリー劇場」と「安倍晋三記念小学校〝財務省の三悪人〟」のやはり2本立て。

が、連日、新聞、ワイドショーや国会まで森友、森友だから、新しい独自情報を期待する方がムリ。

森友鳴動、ネズミ一匹

2017・4・1

森友学園・籠池泰典理事長の証人喚問が3月23日。今週の各誌、取り上げざるを得ないが、まる1週間たっているからつらいところだ。

で、各誌ターゲットを安倍昭恵夫人にしぼって報じている。

『週刊文春』(4月6日春の特大号)「安倍昭恵夫人〝神ってる〟破壊力」

『週刊新潮』(4月6日号)「『安倍昭恵』という家庭内爆弾」

『週刊朝日』(4・7増大号)「〝籠池砲〟で浮上した安倍夫妻の『不仲説』」

『サンデー毎日』(4・9増大号)「籠池毒爆弾発射　安倍政権に昭恵夫人の地雷原」

『新潮』が8ページ割いて、安倍洋子さんに面罵されたとか昭恵夫人のあれこれを報じているが、ゴシップの域を出ていない。

結局、森友鳴動、ネズミ一匹。ネズミはむろん籠池理事長。

『新潮』では先週に続く「トクホの大嘘」が衝撃的だ。今号も消費者庁が承認した大メーカー各社の飲料を実名、写真入りで告発。まさに〈国がお墨付きを与えた「消費詐欺』〉ではないか。

先週も、今週もメーカー側の意見、反論は一切載っていない。ここはぜひ、メーカー側の意見、反論を知りたいところだ。

『文春』がグラビア３ページも併せて「渡辺謙57歳仰天ショット　不倫ｉｎニューヨーク」。

〈衝撃的な不倫疑惑が急浮上〉〈十数枚に及ぶプライベートショットが明かす禁断愛の真相〉と煽りに煽っているが、ま、どうでもいい話。

『ニューズウィーク日本版』（4・4）は、今月23日に行われるフランス大統領選第1回投票に合わせてタイミングよく「フランス『極右』の正体」12ページ。

公約は〈警察の大幅な武装強化や刑務所の増設、外国人犯罪者の自動的な国外退去〉〈移民の数を年間1万人にまで抑制〉〈ＮＡＴＯから離脱〉などなど。

結論は〈勝つことはないだろう〉が〈たとえ負けても、ルペンはフランスを変えることになる〉。

「文科省前事務次官独占告白150分」

2017・5・27

会見や各局のインタビューで淀みなく答える〝正義漢面〟にはどこか違和感が拭えない。〝渦中の人〟前川喜平・前文科省事務次官のことだ。

『週刊文春』（6月1日号）はトップで「『総理のご意向文書は本物です』文科省前事務次官独占告白150分」。

〈元公僕として、この文書をなかったことにはできない〉ので告白したそうだが、言ってることは他のインタビューと全く同じ。〈「これらの文書は、大臣や次官への説明用として担当の高等教育局専門教育課が作成したもの」〉で、次官室で受け取った。〈「『官邸の最高レベルが言っていると言われました』と報告を受け」〉官邸の最高レベルとは〈「総理か官房長官かな、と受け止めていました」〉。

別に公式の文書でもないし、官邸からの〝圧力〟を裏付けるものでもない。

しかも『週刊新潮』（6月1日号）の記事によると、前川前次官、ＮＨＫ、朝日などマスコミ各社にこの情報をリークして回っていたという。そんなに正義感の強い〝公僕〟だったのか。

『新潮』のタイトルは「安倍官邸が暴露した『文書リーク官僚』の風俗通い」。

ここ数年、週に３、４回も歌舞伎町の〈売買春させる〝出会い系バー〟〉に通っていたという のだ。この点について、ご本人テレビのインタビューでこう釈明した。

「女子の貧困の実態を個人的に聞くため」

ヌケヌケとこんなことを言う〝公僕〟の正義って何？

『新潮』は「『文春砲』汚れた銃弾」第２弾。ネチネチとしつこいのは『新潮』流だ。

『文春』は誌面では沈黙。

その『新潮』にひと言、言いたいのは「『誤嚥性肺炎』で死なないための『10カ条』」という記事。

この記事、大半は、わが社（飛鳥新社）が最近刊行した西山耕一郎医師の『肺炎がいやなら、のどを鍛えなさい』からのパクリ。

せめて本のタイトル、本の写真くらい載せるのが礼儀だろう。〝スクープ泥棒〟とは言いませんが。

各誌、前川喜平氏の話に乗って安倍内閣批判

2017・6・3

各誌、前川喜平前文科省事務次官の話に乗って安倍内閣批判に急。

『週刊文春』(6月8日号)は「2大爆弾告白」として前川前次官のみならず「出会い系バー相手女性」まで登場。

『週刊新潮』(6月8日号)「『安倍官邸』一強で日本が失ったもの」

『週刊ポスト』(6・9)「安倍官邸と大新聞の〝共謀罪〟を告発する!」

『週刊現代』(6・10)「『前川の乱』に激怒して安倍が使った『秘密警察』」

『週刊朝日』(6・9増大号)「〝前川砲〟潰す　安倍政権の卑劣」

『サンデー毎日』(6・11増大号)「加計学園問題　底なしの醜聞」

各誌、タイトルはおどろおどろしいが内容は同工異曲。一誌読めば十分だ。

『文春』は前川前次官が通いつめた新宿の〝出会い系バー〟で、相手をしたという26歳の女性(むろん匿名)まで登場。前川前次官の歌舞伎町通いが買春目的ではなかった、と証言させているが、ひとりの証言だけで「貧困女子の実態調査」という前川前次官

の言い分に納得できるものでもない。

今回の加計学園問題で最大の疑問は３点。

①文書はたしかに存在したかもしれないが、あくまで文科省内部の連絡文書。〝総理の意向〟の証明にはならない。

②52年間も獣医学部の新設が認められなかったのはなぜか。

③課長時代、小泉政権に歯向かったという前川前次官は、それほど獣医学部新設に反対なら、なぜ現役の時に職を賭してでも反対しなかったのか。

②では、追及の急先鋒だった民進党の玉木雄一郎幹事長代理、父親が香川県獣医師会副会長で弟が獣医師だったこと、日本獣医師連盟から献金を受けていたことを暴露された。

官僚機構が岩盤規制に穴を開けることにどれほど反対したか、しているかという実態などもぜひ報じてほしい。

『ニューズウィーク日本版』（6・6）「得する中国、損する日米」という大特集、〈北朝鮮への対応で中国の協力を得たいがために迎合や妥協を重ねるのは危険〉と警告。示唆に富む。

いつまで〝前川発言〟に振り回されているのか

2017・6・10

文書がホンモノであろうがなかろうが「総理の意向」を証明するものではない。だいいち「国家戦略特区」を推進してきたのは安倍内閣だから、「総理」がそういう「意向」を持っているのは当然ではないか。

意図的に安倍内閣批判に使っている朝日や民進党は確信犯だからしかたないとして、週刊誌まで、いつまで〝前川発言〟に振り回されているのか。

『週刊文春』（6月15日号）が「驕るな！　安倍首相」

『週刊朝日』（6・16）「安倍官邸に巣くう加計学園人脈」

『サンデー毎日』（6・18）「加計学園問題は便宜供与疑惑だ！」

『文春』のメルマガ読者アンケートによると1500通の回答のうち、86％が前川前次官の証人喚問に賛成だという。「証人喚問」するまでもなく前川前次官、週刊誌やテレビに出まくり、喋りまくっているではないか。

余談だが、雑誌界のリーダーたるべき『文藝春秋』まで7月号の右柱が「前川喜平前文科次官独占手記」には心底、がっかりした。〝独占〟でもないし。

『サン毎』の「前川前文科次官が反乱した本当の理由」で毎日新聞、伊藤智永編集委員がこう書いている。

〈文書が本物でも、首相補佐官や内閣参与ら官邸の要人から催促や働きかけを受けていても、そういうことは行政の現場でいくらでもある〉

〈前川氏や多くのメディアが追いかけている筋道の先に、安倍晋三首相の責任問題や、ひょっとして退陣といった結末が描けるかといえば、今の材料では首を傾《かし》げざるを得ない〉

〈前川氏の証言内容は興味深いが、印象や感想めいた表現も多く、政権の「不正」を暴くには必ずしも決定的とは言えない〉

これが政治記者の本音なのだろう。なぜ、こういうことが新聞の紙面に反映されないのか。

これまた余談だが、フーゾクに詳しいライターによると「出会い系バー」に出入りしている女性は「貧困女子」ではないそうだ。

今週も前川前文部科学事務次官、各誌で大活躍

2017・6・17

徹夜国会で「テロ等準備罪」が成立した。

朝日新聞は「テロ等準備罪」という言葉がよほどお嫌いらしく、法が成立した6月15日の朝夕刊、1面でも社説でも「共謀罪」で押し通していた。

「共謀罪」の構成要件を改めて「テロ等準備罪」を新設する「改正組織犯罪処罰法」なのだから、「テロ等準備罪」の方が内容を正確に表していると思うのだが。

今週も前川前文部科学事務次官、各誌で大活躍。

『週刊文春』（6月22日号）「安倍首相が生贄にする文科省女性課長補佐」。

『週刊朝日』（6・23）「前川喜平前文科事務次官が新証言　安倍官邸が文科省に命じた3つの〝謀略〟」。

『サンデー毎日』（6・25）「前川喜平氏激白100分　異論を許さない安倍官邸」。

各誌を熟読しても、前川氏がいったい何をどうしたいのか、何のためにこれほど熱心に〝告発〟を続けているのかがわからない。

文科省の調査で文書はホンモノと認められたが、だから何なのだ。文書はあくまで文科省内の〈レク資料〉(『文春』)。前にも書いたが「総理のご意向」を証明するものではない。

『週刊新潮』(6月22日号)、右柱の「『安倍総理』深更の重大変調」、左柱の「裏切りの『中居正広』独立凍結の深謀」よりおもしろかったのが、「『藤井聡太』14年11カ月の棋譜」。

要は藤井四段のエピソード集なのだが、たとえば祖母が語る幼少期。

〈「鉄道が好きで、駅のダイヤを丸暗記してしまうんです。時刻表を端から端まで覚えていて、どの電車に乗ると目的地にいつ着くのか、すぐ教えてくれました」〉

師匠の杉本昌隆七段。

〈「将棋の才能も末恐ろしかったが、泣き方も尋常でなかった。負けると3回に1回は、将棋盤を枕みたいに抱え込み、顔を埋めて泣くんです。3分ほども続き、最後はお母さんが盤から引き剥がす」〉

こういう記事を読むとほっとする。

これでは朝日新聞と変わらないではないか

2017・7・15

『週刊文春』ともあろうものが、と言いたくなった。

7月20日号、トップが「安倍首相にNO!」。今、これでは朝日新聞となんにも変わらないではないか。大手メディアの報道に異を唱える、「ちょっと違うんじゃないか」、というのが週刊誌の原点だったのでは。

内容も「政治部デスク」やら「ナントカ関係者」やら匿名コメントをつないだもので新味はない。サブタイトルの「自民王国茨城で退陣建白書」「創価学会中枢幹部が『ざまあみろ』」も噂話程度。

ちなみに『文春』、今号は和田誠さんの表紙になって2000回。カラーグラビアで回顧特集。1977年5月12日号がスタートだから、もう40年前か。

編集長は田中健五さんで、ぼくはデスクのひとりだった。「エアメール」の表紙を最初に見た時の感激は今も忘れられない。クルマにハネられて死んだわが愛猫ブン太の表紙も懐かしい。

一方の『週刊新潮』（7月20日文月増大号）、右柱が「逃げ隠れする『加計孝太郎理事長』の疑惑のスイカ」。

妻とともに岡山市内のスーパーでスイカなどを買ったところを捉まえたまではよかったが、〈何度、質問を投げかけてみても、最後まで黙して語らず〉。

要は逃げられたということ。

それにしても「疑惑のスイカ」、意味不明のタイトルだ。

『週刊ポスト』（7・21／28）の大特集「完全版『落選運動』その破壊力とその実践法」。

〈「特定の候補を政治家に相応しくないと訴え、当選させないようにする行為、つまり『落選運動』は選挙運動とみなされないため、公選法に抵触しません。告示前は特定の候補を当選させる選挙運動（事前運動）は禁じられていますが、落選運動は可。いつでも始められるし年齢制限もない」（上脇博之・神戸学院大学教授）〉

しかし、組織的に実行できるのは共産、公明くらいだろう。

松居一代、怖い女だ。『文春』『新潮』、左柱だが、ワイドショーで食傷。船越英一郎がお気の毒。

朝日を中心とする安倍倒閣運動に利用された

2017・7・29

「日報問題」とは何か、何が問題なのかを正確に理解している人はどれだけいるだろう。

岩田清文前陸上幕僚長がこう語っている（月刊『Hanada』8月号）。

「ここが最も理解されていないのではないかと思いますが、この日報は運用上、秘密扱いでも何でもなく、誰が扱っても構わない、むしろ共有されるべきものだという点です」

「それぞれ関係する幕僚たちも業務上、パソコン上に保管し、折に触れて参照している。秘密文書のように厳密に登録手続きをして管理しているものではないので、仮に『破棄しろ』と言っても、データを持っている全員が一〇〇パーセント確実に破棄しきれるものではない」

だから一度破棄したと言ったものが（誰かのパソコンから）出てきたからといって何の問題もない。

しかも、この日報、2月6日に機密部分以外すべて公開されていて誰でも読める。「2月15日の会議で隠蔽」もへったくれもないのだ。

稲田大臣の辞任、朝日を中心とする安倍倒閣運動に利用されたと言うべきで、週刊誌なら、このへんのところを衝いてほしい。

『週刊新潮』（8月3日号）「まつエクしてる場合か『稲田朋美』」は経過はキチンと押さえているが、報道批判がない。

『週刊文春』（8月3日号）「稲田朋美の本性」は大臣のこれまでの言動をあげつらうばかりで、朝日と変わらない。

発売日が変則になっていて先週紹介できなかったが、『週刊現代』（8／5）が例の「このハゲーッ！」豊田真由子議員の夫を直撃。誰でも、あの豊田議員の夫はどんな人だろうと思う。俗な興味といえばそれまでだが、それに応えるのが週刊誌の一面。

結論から言うと、穏やかな、非常にいい夫なのだ。キャリア官僚。

〈「僕はもう子供たちのケアをするので精いっぱいです。妻は本当に家庭では優しい母親なんですけど」〉

記者に「本当に、申し訳ありません」と繰り返す夫。気の毒としか言いようがない。

西尾先生！　気が短すぎます

2017・9・2

夏休みが終わり、秋風が吹き始めた。各誌政局がらみの記事が多い。

『週刊文春』（9月7日号）「安倍政権の火薬庫　麻生VS.菅『修復不能な断絶』」

『週刊新潮』（9月7日号）「『小泉純一郎』が授けた『安倍総理』への秘策」

『週刊ポスト』（9・8）「安倍君、下関へ帰りたまえ」

『週刊現代』（9／9）「10・22トリプル補選惨敗で安倍晋三電撃辞任」

『文春』によると〈先の内閣改造で、安倍政権のパワーバランスは大きく動いた。第二次政権発足以来、鉄壁を誇ってきた安倍、麻生、菅のトライアングルがついに崩れた〉。

政局記事の常で「官邸関係者」「首相周辺」「官邸担当記者」など匿名コメントばっかり。どこまで信憑性があるかは疑問。

『新潮』は、日本財団笹川陽平会長の山梨県鳴沢村の別荘で、森喜朗、小泉純一郎、麻生太郎、3人の元総理と安倍総理が、食卓で並んで呵々《かか》大笑している写真（新聞各紙でも紹介されたから、ご覧になった読者が多いだろう。とてもいい写真だと思うが）をあげつらってあれこれ。

〈「笹川さんの別荘で低支持率に困った安倍総理が小泉さんに頼った。アドバイスを求められた小泉さんは、北朝鮮問題で得点をあげ、脱原発を訴えれば政権は力を取り戻すと提案した」〉

むろんこれも匿名のコメントだ。

『ポスト』はどこかで聞いたようなタイトルだが、〈保守論客による安倍批判〉。〈保守論客〉のなかで〈逃げ腰の小手先戦術〉などと安倍総理に最も厳しいのは西尾幹二先生。

〈「5月3日の憲法改正案の発表には決定的に失望しました（中略）しかもその改憲すら、やれない状況（中略）今の状況で改憲をあきらめたりすれば、改憲のチャンスは半永久的に失われてしまいます。こんな事態を招いた安倍首相は万死に値する」〉

西尾先生！　気が短すぎます。

朝日の言い分とそっくりだ　石破茂議員

２０１７・９・２３

「加計隠し」から「大義なき解散」、ついには天声人語で、供託金の問題まで取り上げ、〈経済力のない庶民や若者が立候補するのを困難にする〉。

朝日新聞は安倍総理のやることなら何が何でもケチをつけたいらしい。

このところ朝日との〝共闘〟が目立つ『週刊文春』（9月28日号）は「安倍〝北朝鮮解散〟は邪道なり」。

〈九月二日以降、自民党は五日ほどかけ、情勢調査を行ないました。結果は前回獲得議席（二百九十一議席）からマイナス十議席と、まずまずの数値〉

自信を深めた安倍総理は解散に舵《かじ》を切ったというのだが。

で、例によって石破茂議員が登場。自派閥関係者にこうぶちまけた。

〈「解散権は抑制的に行使すべきだし、こんな党利党略みたいな選挙はおかしいだろう。たとえ勝ったとしても国民が政権を信認したとは到底いえない」〉

朝日の言い分とそっくりだ。

『週刊ポスト』（9・29）は「安倍『火事場泥棒解散総選挙』へ！『自民3分の2大圧勝』の悪夢」。

もっとも〈解散権を握る安倍首相はまだ逡巡《しゅんじゅん》している〉段階での記事。

解散推進派が説得材料にしているのが、佐藤栄作首相の「黒い霧」解散（1966年）だというのが説得力あり。

〈当時、自民党議員がからんだ贈収賄事件や国有地売却の不透明な取引が相次ぎ、「黒い霧」と批判を浴びた。党内からも批判にさらされた佐藤首相は綱紀粛正を表明すると、意表を突いて66年12月の国会冒頭で解散に踏み切った。当初は苦戦が予想されたが、結果は野党の準備不足で自民党はほとんど議席を減らさずに安定多数を確保し、佐藤内閣は戦後最長の長期政権に踏み出した〉

『週刊新潮』（9月28日号）はワイド特集で「『10月総選挙』選良たちの喜劇」。総理に解散を決断させたのは米朝対立だったと。

〈「安倍さんはトランプとちょくちょく電話会談していて、そのなかで〝北の脅威は来年の方がずっと強まる〟という確証を得た」（政治部デスク）〉

第10章　「発狂状態」の朝日新聞

〝絶妙アプローチ〟に朝日の難癖

2017・2・15

ぼくはゴルフはやらない。一度もクラブを握ったことがない。

若い頃はずいぶんすすめられた。

「緑の待合というくらいで、相手と親しくなれるし、話もできる。これからは編集者には必須だよ。クラブはオレが選んでやるから」

大先輩、堤堯さん（元文藝春秋常務）にそこまで言われてもとうとうやらなかった。あれだけ多くの人が夢中になるのだからきっと面白いゲームなのであろう。

ぼくがやらなかった理由は唯一、時間がもったいないからだ。ゴルフは何しろ一日がかり、他にやりたいこと、やらなければならぬことがたくさんあって、とても、ゴルフをやってる時間がなかったのだ。

日本共産党の志位和夫委員長も、もしかしたらゴルフをやったことがないのではなかろうか。

安倍晋三首相がトランプ大統領とゴルフをすると報じられると、すぐに会見でこんなコメントを。

「ゴルフという形で仲良しの姿をみせることが世界にどう受け取られるか。私は危惧を持つ」(10日付産経新聞)

で、結果はどうだったのか。むろん、ゴルフの力だけではないだろうが、安倍首相、トランプ大統領の第一回会談、大成功だった。

岡本行夫さん(外交評論家)もこう絶賛している。

「今回の日米首脳会談はこれまでで最も成功した会談の一つだろう。重要性からいえば、沖縄返還を合意した1969年の佐藤・ニクソン会談に次ぐものと言って過言ではない」(12日付読売新聞)

各紙の報道も、おおむね好意的だが、気に食わないのは朝日新聞の報じ方。とにかく安倍首相のやることなら、なんでもケチをつけようという姿勢が見え見えなのだ。

12日の一面で政治部長がこう書く。

〈訪米中の安倍晋三首相との親密ぶりに世界の注目が集まるが、多国間協調にも貢献してきたこれまでの日米関係とは隔絶した姿を印象づけている〉

トランプ大統領と親密になったからといって他の国と協調できないわけではあるまい。

だいいち、大統領就任後、初めての本格的な会談なのだから、親密になるのが最大の目的だろう。初会談でいきなりケンカするバカがいるか。

〈国際社会のトランプ氏への風当たりが強いなか、リゾート地でのゴルフを含めほぼ丸2日間を大統領と過ごす異例の厚遇を受け入れた〉

まるでゴルフをやったのがいけないと言わんばかり。

で結論は、

〈相手の意に沿わない話ができないようでは成熟した二国間の外交とは言えまい〉

繰り返すがハナからケンカ腰では話もできまい。

「天声人語」もまた、したり顔でこう書いている。

奴隷制をめぐる南部と北部の対立を憂いて「分裂して争う家は立っていることができない」と言ったリンカーンの言葉を引き、

〈世論の分裂を意に介さない現大統領と仲良くするのは、家の半分と付き合っているような気がしてくる〉

何をしでかすか分からないトランプ大統領だからこそ、良い関係をつくっておくことが、日米関係の今後にとって重要ではないか。

いずれにせよ、安倍・トランプ関係はまだ始まったばかりだ。

支離滅裂な朝日「森友」社説

2017・4・5

新聞の社説をあげつらうのも飽き飽きしたが、これほどひどい社説もめったにない。支離滅裂。

4月2日、朝日新聞の社説「森友と政権　究明になぜ背を向ける」だ。

前段でまず〈「封筒に入った100万円を下さった」など籠池氏の証人喚問での発言の真偽は不明だ〉と書く。〈首相をはじめ政権側は否定している〉と。

だが、

〈籠池氏の発言は、虚偽の証言をすれば偽証罪に問われる証人喚問でのものだ。主張に食い違いがあるからこそ、真相は何なのか、究明に力を尽くすことが国会の使命のはずだ〉

そのあと、安倍晋三首相が昭恵夫人の証人喚問をはねつけたことを批判がましく書き、籠池泰典森友学園前理事長の証人喚問については〈（首相側の）恫喝《どうかつ》と見られても仕方がない〉。

ならば朝日は籠池氏の証人喚問は誤りだった、喚問すべきではなかったというのだろうか。

問題はその後だ。

〈自民党では、籠池氏の告発に向けた証拠集めに国政調査権の発動を求める動きもある。郵便局での100万円の振り込み手続きをめぐり、籠池氏の証言が正しいか調べるというが、問題の本質をはずしていないか〉

前段で100万円の授受について〈究明に力を尽くすことが国会の使命〉とまで言いながら、籠池証言が正しいか調べるというと〈問題の本質をはずしていないか〉。いったい朝日はどうしろと言うのか。

もっと問題なのはその後で、〈問題の核心〉は国有地が破格の安値で学園に売却されたことだと書いている。

その通りなのだ。

この籠池問題、幼稚園で教育勅語《ちよくご》を朗唱させたとか、昭恵夫人が100万円を渡したとか渡さなかったとかは〈問題の核心〉ではない。

〈問題の核心〉は、

①9億5600万円の土地が1億3400万円になった。8億円のゴミ処理費が妥

当か。

②政治家の口利きはあったのか。

③政治家にカネが流れたか。

この3点に尽きる。

財務省、近畿財務局の忖度《そんたく》があったのではないかというが、忖度なんて立証のしようもない。本人に否定されたらそれまで。だいいち忖度された方を罪に問えるわけもない。

ゴミ撤去費用についてはこんな話がある。

小学校用地（８７７０平方メートル）の近くに豊中市が給食センター用地として7億７０００万で購入した（７２１０平方メートル）。小学校用地より狭い、その土地のゴミ撤去費用が、なんと土地価格の倍の14億３０００万と算定され、市と売り主の間で協議中という。

つまり、森友学園が購入した土地のゴミ撤去費用8億円は、不自然なものではないということになる。

朝日は3月24日の社説でも、「籠池氏の喚問　昭恵氏の招致が必要だ」と書いていたが、それこそ意図的に〈問題の核心〉をはずしている。

この問題を取材している神戸在住の粟野仁雄さん（ジャーナリスト）がこんなことを言っていた。

「籠池というのは、ああ見えてしたたかな関西の男です。安倍総理や周囲の二世議員たち、ボンボン議員たちは甘く見て手玉に取られたんじゃないですか」

逆の意味で朝日も手玉に取られたのでは。

反省すべきは民進党と朝日新聞だ

2017-6-21

国会閉幕。

安倍晋三総理は会見で「（野党の）印象操作のような言葉に強い言葉で反応してしまった姿勢」「建設的な議論から大きく離れてしまったこと」を率直に反省した。

ところが民進党の蓮舫代表はこの安倍総理の反省についてこう言い放った。

「言い訳と自画自賛に終始。安倍総理は国会議論が嫌いなのでは」

朝日新聞の世論調査部長も、今国会についてこう書いた（19日朝刊）。

「これほど露骨に道理を踏みにじった政権と国会の惨状は、見たことがない」

「前川氏（喜平前文科省次官）の個人攻撃に走った政権の悪態には、国家ぐるみの隠蔽《いんぺい》工作劇を見るかのような戦慄《せんりつ》をおぼえた」

こんなことで「戦慄をおぼえた」とはずいぶんナイーブな部長ではないか。

たしかに今国会、最重要法案だった「テロ等準備罪法案」に関して、十分議論が尽くされたとはいえない。

しかし、議論が深まらなかった責任、森友学園と加計学園、2つの問題で、本質とはかけ離れた枝葉末節ばかり追及し、国会を混乱させた責任は民進党と朝日新聞にある。

もうあちこちに書いたが、前川前文科次官が持ち出した「文書」、いったい何が問題なのか。

あの「文書」はあくまで文科省内部の「レク文書」。つまり、担当者が同僚や上司にレクチャーするための補助的文書で、そこに何が書いてあろうが問題にならないのだ。

そこに「総理のご意向」と書いてあったって、総理が圧力をかけた証拠にはならない。だいいち岩盤規制を破ろうという総理が、そういう「意向」を持っているのは当然ではないか。

こんなことは蓮舫代表にはわからないかもしれないが、朝日政治部の記者なら、分かっていたハズだ。

ちなみに毎日新聞の山田孝男特別編集委員や伊藤智永編集委員は、コラム『風知草』や『サンデー毎日』でそういう主旨のことを書いている。

なのに朝日は5月17日の「文書」〝スクープ〟以来、前川前次官の言い分を垂れ流し、まるでヒーローのように持ち上げて、民進党議員をあおり、安倍政権批判を繰り返した。

安倍総理がイライラするのもムリはない。

蓮舫代表は「安倍総理は国会議論が嫌いなのでは」と言うが、週刊誌の報道をもとに非難するばかりでは「議論」が深まるハズもない。

「テロ等準備罪」に反対なら反対で、わが党はこうしてテロを防ぐという具体案を出さなければ「議論」にはなるまい。いつまで「対案なき野党」を続けているのか。

重箱の隅をつつくような、きっと蓮舫代表でも答えられないような質問で金田勝年法相を責め立てても何の実りもない。政府が出した案に難クセつけるだけでは「議論」は深まるまい。

「反省」すべきは安倍総理ではない。朝日新聞と民進党、この二者こそ大いに「反省」

すべきなのだ。

ところが朝日は19日朝刊1面で鬼のクビでも取ったように「内閣支持下落41%」「加計問題の説明『納得できない』66%」。

詳報は20日の朝刊に掲載というのだが、一刻も早く「支持下落」を打ちたかったのだろう。

反省なき朝日！

加計報道で朝日は「発狂状態」

2017・7・19

もっか月刊『Hanada』9月号の校了作業中で、今晩は徹夜必至だ。

夜、9時頃終われば焼肉屋で一杯やって「焼肉解散」。終電に間に合う時間なら「終電解散」。明け方までかかると「始発解散」ということになる。

かつてはある筆者の方（特に名を秘す）の連載原稿が遅いので、徹夜して、翌日の夜までぶっ通しで校了作業をしていたという時期もあり、さすがにあれは疲れた。

今月号の総力大特集は「常軌を逸した加計学園報道と安倍叩き」。小川榮太郎さん（評論家）、阿比留瑠比さん（産経新聞編集委員兼論説委員）、長谷川幸洋さん（東京新聞論説委員）、作家の百田尚樹さん、有本香さん（評論家）、加藤清隆さん（元時事通信解説委員長）、末延吉正さん（東海大教授、元テレビ朝日政治部長）たちに、このところの、大新聞やテレビの報道ぶりを徹底的に糾明、糾弾していただいている。

それにしても、取材すればするほど、朝日、毎日、東京などの大新聞、テレビ各局のニュースショー、ワイドショーの内容は目を覆わんばかりのひどさだ。

とくに朝日新聞は、もうミエも外聞もかなぐり捨てて、多分ジャーナリズム、ジャーナリストの矜持《きょうじ》さえ打ち捨てて、倒閣運動に励んでいる。

阿比留さんは「発狂状態」と評したが、まさに狂ったとしか思えない報道ぶりだ。

そもそも5月17日の朝日のスクープ（前夜、NHKが報じたが）から、加計学園をめぐる騒動が始まった。

文科省内に「総理のご意向」うんぬんの文書が流れていたと、その文書の写真つきで一面トップで報じた。

ところが、この写真、下の方がなぜか黒くなっていて読めない。

後になってその理由がわかった。阿比留さんが、ご自身のコラムで、明かしたのだ。

朝日が隠したその部分にはこう書いてあったのだ。

「『国家戦略特区諮問会議決定』という形にすれば、総理が議長なので、総理からの指示に見えるのではないか」

「こうすれば総理の指示に見えるのではないか」ということは、つまり、総理の意向、総理の指示などなかったということではないか。

朝日は意図的に文書のその部分を隠して全く正反対のことを〝スクープ〟しているのだ。

フェイクニュースもいいところではないか。

吉田清治の嘘に乗って書いた従軍慰安婦誤報に匹敵する大誤報、いや大虚報だ。

もう一例。

今、左派系メディアが持ち上げている東京新聞の望月衣塑子記者。

週刊誌記事をもとに菅官房長官に同じ質問を繰り返してひんしゅくを買い、本人それもわからずに、その気になっている記者だが、6月21日「安倍やめろ!! 緊急市民集会」に出席してアジ演説をしていたというのだ。

完全に記者の則《のり》を越えた行動ではないか。

こういう常軌を逸した大メディアだけ読んでいては森友も加計も何ひとつわからな

い。

世論調査で「安倍総理は説明不足」が多いというが、大メディアのこんな常軌を逸した報道のせいだ。月刊『Hanada』を読んでほしい。

3日に1回、社説で安倍叩き

2017-8-9

8月4日、朝日新聞社説は内閣改造について「強権と隠蔽の体質正せ」と題して、こう書いた。

〈関連文書の調査を尽くし、すべて公開するとともに〉
〈事実を包み隠さず明らかにする必要がある〉

盗人たけだけしいとはまさにこのことだ。この言葉、そのまま朝日新聞にお返ししたい。

3カ月にわたる加計学園獣医学部をめぐる騒動、ハッキリ言えば朝日の大虚報。社長が辞任するに至った「従軍慰安婦大誤報」「福島第一原発吉田昌郎所長調書に関する大誤報」に匹敵する、いやそれより、よほど性質(たち)の悪いフェイクニュースといえるのではないか。

　なぜか。

　そもそも加計学園騒動は5月17日朝日1面、「新学部『総理の意向』」「文科省に記録文書」と大見出しのついた〝スクープ〟から始まった。

　ところがこれが全くのインチキだったのだ。

　添えられた「大臣ご確認事項に対する内閣府の回答」と題された文書の写真を見たとき、ぼく自身も妙だなと思った。文書の下部に黒い影がつけられ読めないのだ。そんなに重要な文書なら、全文読めるように載せるのが普通だろう。

　なぜ影をつけたか。

　朝日の悪だくみを明らかにしたのは阿比留瑠比さん（産経新聞論説委員）。

　隠された部分にはこう書いてあったのだ。

「『国家戦略特区諮問会議決定』という形にすれば、総理が議長なので、総理からの指示に見えるのではないか」

　安倍総理の指示だととり繕ってはどうかという話で、ということは逆に総理の指示などなかったことを示している。

つまり、朝日は〈事実を包み隠さず明らかに〉していなかったのだ。

もうひとつ、7月10日の閉会中審査、出席した加戸守行前愛媛県知事の証言の件だ。

加戸前知事はこう証言した。

「愛媛県にとっては12年間、加計ありきだった。いまさら1、2年の間で加計ありきじゃない」

「10年間、我慢させられてきた岩盤規制にドリルで穴を開けていただいた。『歪《ゆが》められた行政が正された』というのが正しい」

ところが、朝日はこの加戸前知事の証言を一般記事ではなく閉会中審査での「やりとり詳報」でしか報じなかった。

同じ日、証言した前川喜平前文科次官の証言は、1面で「加計ありき　疑念消えず」と題して大々的に報じたのに、だ。

前川証言なんてものは週刊誌、テレビなどが散々報じたのと全く同じで、改めて報じるまでもない。

朝日には〈関連文書の調査を尽くす〉気も〈事実を包み隠さず明らかにする〉気もハナから全くないのだ。

目的は安倍倒閣。そのためにはなり振り構わないというわけだ。

で、3日に1回（正確には2・5日に1回）社説で安倍政権、安倍総理叩き。
「安倍政権　知る権利に応えよ」（5月22日）
「不信が募るばかりだ」（6月6日）
「首相の約束どうなった」（6月21日）
「特区の認定白紙に戻せ」（7月25日）などなど。
こんなフェイクニュースに朝日社内から異論のひとつも出ないのが情けない。

第11章　朝日と同じ『週刊文春』

「安倍首相夫妻の犯罪」はひど過ぎる

2018・3・17

このタイトルはひど過ぎる。いくらなんでも度を越している。

『週刊文春』（3月22日号）の「安倍首相夫妻の犯罪」。

これでは国会前でデモしている連中が掲げているプラカードとなんら変わらない。

一国の宰相を「犯罪者」呼ばわりするには、それ相応の根拠と覚悟がいる。

『文春』にその覚悟があるのか。

読んでみると、『文春』があげている根拠らしきものは唯《ただ》ひとつ。

〈「FAXの件（昭恵夫人付職員の谷査恵子氏が、財務省に問い合わせた件）などからも、国有地取引に昭恵氏が関与し、財務省を動かしたのは明らか」〉という〈関僚経験者〉なる人物（だいたい想像がつくが）のコメントのみ。

地元の有権者や知人に頼まれて、ある案件について現在どうなっているかを官庁の担当者に問い合わせるなんてことは国会議員や秘書、地方議員なら日常茶飯にやっている。

人のいい昭恵夫人が籠池夫妻に強引に頼まれ、谷職員を通じて財務省に問い合わせただけ。しかも財務省の答えは「現状では（籠池夫妻の）希望に沿うことはできない」。このやりとりのどこが「犯罪」なのか。

腹立たしいのは新聞各紙がこのタイトルを堂々と掲載していることだ。

わが社（飛鳥新社）が出版し、朝日新聞から5000万円損害賠償せよと訴えられた小川榮太郎さんの『森友・加計事件　朝日新聞による戦後最大級の報道犯罪』は新聞各紙から広告掲載を拒否されている。

「係争中のものについては掲載できない」という新聞各社の「広告掲載基準」によるそうだが、ならばこの『文春』のタイトルは「広告掲載基準」に合っているのか。

『週刊新潮』（3月22日号）もトップは「3選も改憲も吹き飛んだ『森友改ざん』の爆心」。ワイド形式で「『朝日新聞』スクープの情報源は『大阪地検』の反安倍分子」など11本。『新潮』らしい斬り口だ。

「安倍首相夫妻の罪と罰」

2018・3・24

週刊誌評をやっていてなんだが、このところ毎週、週刊誌を読んでいてうんざりする。

まず、新聞が連日、大見出しで「財務省文書」書き換え問題を取り上げている。ワイドショーが後追いし、いいかげんな発言をするコメンテーター。

これだけでも食傷気味なのに、週刊誌までが、ただ、ただ安倍政権批判。

何か新しい情報、独自の視点があるならまだいい。ほとんど何もない。

それにしても朝日新聞の昭恵夫人叩きは異常だ。この1年、事あるごとに大見出し。社説だけで四十数回。すぐにバレる嘘を何度もつき、詐欺罪に問われ、今、勾留中の籠池夫妻と昭恵夫人と、どちらの言い分が信用できるのか。

で、週刊誌。

『週刊文春』(3月29日春の特大号)が「安倍首相夫妻の罪と罰」8ページ。

『週刊新潮』(3月29日号)「地獄の門が開いた『森友改ざん』の『アベゲート』」7ペー

ジ。
『週刊現代』（3／31）「安倍総理と昭恵夫人　結婚31年目の『決断』」6ページ。
『週刊朝日』（3・30増大号）「安倍首相が怯《おび》える財務省の逆襲」8ページ。
『サンデー毎日』（4・1増大号）「財務省文書改ざん　不都合な真実」8ページ。

これだけページを使って、新情報、新しい見方はほとんどなし。大勢に異を唱える週刊誌の役割はどうした。

唯一、注目したのが『文春』の人気連載コラム「飯島勲の激辛インテリジェンス」。飯島さん、〈財務相も首相官邸も全く関係ないってのが真実だぜ〉とした上で、予算を成立させたら〈即、国民に信を問う衆院解散・総選挙を決断すべきよ。（中略）野党も官邸前の路上デモもそろって「アベ総辞職しろ」でしょ？　内閣不信任を突きつけてるも同然なんだから、首相が信を問うのは当たり前よ。総辞職求めておいて解散は反対なんて、野党は口だけってことになるな〉。

1966年、佐藤内閣、「黒い霧解散」の例もある。

「安倍政権『暗黒支配』」はすべて憶測

2018・3・31

拘置中の籠池氏と面会し、会見で、「隠し球があります」と答えていた野党議員。結局、証人喚問は予想どおり不発。それでも、まだ昭恵夫人喚問だなんだと騒ぐのなら、具体的証拠のひとつも出してみろ、と言いたくなる。

文書書き換えはたしかに問題だが、文書を詳細にチェックすれば、総理や昭恵夫人の関与などなかったことが、ハッキリわかる。野党議員たちは文書をちゃんと読んでいるのか。

『週刊文春』(4月5日号)はこのところ3週続けて安倍批判。今週は「安倍政権『暗黒支配』と昭恵夫人の嘘を暴く」。

「暗黒支配」とは何か。

『文春』は政務秘書官の今井尚哉氏がメディアを支配していると非難するが、根拠として挙げているのは、

〈「佐川氏が一人で書き換えを指示するとは、到底思えません」(元上司)〉

〈「独断で決裁書の書き換えを命じるなんて信じられません」（元部下）〉

〈「佐川氏の答弁は、政務秘書官や財務省出身の事務秘書官とすり合わせているはず。その過程で、決裁文書の改ざんは行われていたわけです」（政治部デスク）〉

財務省出身の中江元哉秘書官が、〈「森友問題でも今井氏の意向を本省に伝えていた可能性が高い」（財務省関係者）〉

厳しく言えばすべて臆測。これで、「暗黒支配」と言い切れるのか。

『週刊新潮』（4月5日号）「散り際の『安倍昭恵』」。ワイド形式で8ページも費やしている割に中身は薄い。

『週刊ポスト』（4・6）「安倍総理、もうあなたは終わった」は永田町噂話集。

なかでは「『改竄《かいざん》』か『書き換え』か見出しで分かる大新聞の〝忖度《そんたく》度〟」「〝最後の（？）花見〟に安倍首相が呼んだ2日で1億稼ぐ伝説のキャバ嬢」が『ポスト』らしい目のつけ所。

『ニューズウィーク日本版』（4・3）「歴史への責任」で4回にわたった「コロンビア大学特別講義」が終わった。異論もあろうが、企画自体は評価したい。

国会は野党議員のパフォーマンスの場じゃない！

2018・4・14

何の証拠も示さず（示せず）、ただ、ただ新聞（とくに朝日）の報道だけを根拠に居丈高に総理を責める野党議員たち。

1年以上もこんなことを繰り返している馬鹿馬鹿しさ。国会は野党議員のパフォーマンスの場じゃない！

もっというと、野党議員だって安倍総理や昭恵夫人が、森友・加計に「犯罪」（『週刊文春』）とか「疑獄」（『創』）とか言われるような関わりを持っていないことは分かっているはずだ。分かっていないとしたら、ほんとの馬鹿だ。

立憲民主党・枝野幸男代表らの国会質問を見ていて、あまりに腹が立ったのでひと言、言いたくなった。

『文春』（4月19日号）「『捏造の宰相』安倍晋三」は愛媛県職員の文書や、自衛隊の日報問題と総理をムリヤリ結びつけたタイトルで、意味不明。

『サンデー毎日』（4・22増大号）で木内昭胤（元フランス大使）と村上正邦（元労相）両

氏が「安倍首相よ！　あなたはもう終わった人」と倉重篤郎氏を相手に気炎を上げているが、お二人こそ「もう終わった人」では。

そんなことより、今、最大の問題は米朝会談を控えた北朝鮮だろう。

『ニューズウィーク日本版』（4・17）が、誠にタイミングよく「金正恩の頭の中」という大特集。それにしてもタイトルがうまい。

で、米朝会談はどうなるか？

ミンシン・ペイ氏（クレアモント・マッケンナ大学教授、NWコラムニスト）はこう分析。

〈核放棄の道筋で北朝鮮から実質的な譲歩を取り付けることはもともと困難だったが、金が習の後ろ盾を得た今はほとんど絶望的になった〉

〈金が中国を味方に付ける一方で、アメリカの国家安全保障チームがタカ派主導になった今、米朝首脳会談は失敗を運命付けられたようなものだ〉

結論は、

〈この状況でトランプが打てる手は少ない。金との会談を土壇場で中止するのが最も賢明かもしれない〉

今こそ、安倍総理の出番なのに。

納得いかないのはテレビ朝日の態度

2018・4・21

「セクハラ次官」と「買春知事」、2人のクビを取ったのだから『週刊新潮』と『週刊文春』（ともに4月26日号）が、その存在感を天下に知らしめたのは間違いない。

しかし、両誌のスクープ、「よくやった」と手放しで称賛する気になれないというのが正直なところだ。

に、しても福田淳一次官、セクハラ発言はむろんだが、58歳にもなって女性記者相手に「うんこ」だとか「屁《へ》をこきたいんですが」。昨年、小学生向けの『うんこ漢字ドリル』という本がベストセラーになったが、そのレベル。

先週に続く第2弾、『新潮』のタイトルがキツイ。

「嘘つきは財務官僚の始まり　セクハラをしらばっくれた『福田次官』の寝言は寝て言え！」

福田次官はいまだに「法的措置」云々《うんぬん》を言ってるようだが、ま、ムリだろう。

『文春』の米山隆一新潟県知事も、情けない。〈小学校時代から〝町の神童〟として有名な存在〉で灘高から東大医学部、司法試験にも合格したという超エリート。『文春』の取材に対し、〈「文春砲にやられるようなことあったっけ？（笑）」〉と余裕を見せていた2日後にはまだ『文春』が発売されてもいないのに、涙の会見。

この2人、「若い頃、女性とつき合ったことも、恋愛したこともないんじゃないか」とは昨夜会った作家の大下英治さんの感想。

福田次官の問題で、納得いかないのはテレビ朝日の態度。報道担当役員が被害者面して会見していたが、女性社員が、以前からセクハラ被害を訴えていたのに握りつぶしていた点についてまず、説明すべきだ。女性記者が、無断で録音し、それを他の媒体に提供した点に関しても問題は残る。

『週刊朝日』（4・27）で小泉純一郎元総理が激白55分、「小泉純一郎氏ついに安倍首相に引導を渡した」。元総理の発言としては無責任。

「嘘つきは安倍晋三の始まり」

2018-6-2

それにしても、このタイトルはひど過ぎる。

『週刊文春』（6月7日号）の「嘘つきは安倍晋三の始まり」。

『文春』らしくない。批判するのはもちろんいい。しかし、相手は仮にも一国の首相、そこには十分なる根拠と節度が必要だろう。

以前にも書いたが、たとえば昭恵夫人付職員の谷査恵子氏が財務省に問い合わせの電話をかけた件。

「あの件について、どうなってるか、ちょっと聞いてもらえませんか」。支持者や知り合いからそう頼まれて、しかるべき役所に問い合わせる。こんなことは下は区議会議員から、上は国会議員まで、みんなやっている。

籠池夫妻があまりにしつこいから、人のいい昭恵夫人が谷氏に頼んで「優遇制度」について問い合わせをした。財務省側は、「それはできません」と断った。ただ、それだけのことではないか。何が問題なのか。

社長交代人事で社内大もめの文春、自分の頭の蠅を追え、と言いたくなる。

日大アメフト問題。

『文春』は右柱で「内田アメフト前監督逮捕Xデー　日大『暗黒のブランド』」8ページ。『週刊新潮』（6月7日号）は左柱で「『内田監督』は永久追放！『日大』の断末魔」7ページ。

事件そのものについても、日大の体質そのものについても『文春』の方が一歩も、二歩も踏み込んでいる。田中英寿理事長について日大関係者の話。

〈「二十一日、理事長室に内田氏を呼び、『辞表を書け』と常務理事を辞めるよう迫ったのです。これに対し、内田氏は『俺を切るんですか』と開き直ったそうです。彼にはこれまで田中氏のために汚れ仕事も厭《いと》わずやってきたという自負があり、『（その一部始終を）すべて公にしますよ』などと田中氏に詰め寄ったのです。さすがの田中氏もかなり動揺し、二の句が継げなかったようです」〉

〈その後、真っ青な顔色をした内田氏が理事長室から出て来る様子が、複数の大学職員に目撃されている〉

まるで、任俠《にんきょう》映画の1シーンだ。

「天災も政治利用　安倍政権５人の卑怯者」

2018・7・21

森友・加計問題で結局、安倍政権を追い込めなかった朝日新聞が（当然だが）、総裁選を前にまた、なりふり構わぬ安倍政権批判を始めた。

17日1面トップで「古屋議員　過少申告の疑い」、19日にはやはり1面で「野田総務相側、金融庁に説明要求　仮想通貨販売巡る調査」。古屋圭司議員の方は「疑い」だし（本人は否定）、野田聖子総務相の方はほとんどトバッチリだ。

朝日と同じようなことを『週刊文春』（7月26日号）がやっているのは情けない。左柱「安倍チルドレン中川俊直前衆院議員が美人前議員に『進次郎狂い』『くたばれよ』ストーカーメール1日２００通」。

中川前議員のメールは〈バカ野郎。くたばれよ。本当に、死ね〉〈死ねよ！　死ね。進次郎狂いのきちがい〉などとたしかに異常だが、これすべて本人の問題。しかも中川氏と〈美人前議員〉前川恵氏は、真夜中に密会をフライデーされた仲。ま、痴話ゲンカ。タイトルに〈安倍チルドレン〉はムリ筋だ。

「天災も政治利用　安倍政権5人の卑怯者」も同様。

『週刊新潮』（7月26日号）は今週も西日本豪雨を精力的に取材している。

「『西日本豪雨』暴虐の爪痕」

ワイド型式で、マダニ発生で感染症パンデミック、火事場泥棒、避難所で性被害警告など『新潮』らしい斬り口だが、注目は3ページを使った「ツケを払わされるのは被災者！『太陽光エネルギー』という人災」。

神戸市や姫路市で豪雨による太陽光パネルの崩落が報じられたが、今、日本中でメガソーラーの開発がめじろ押し。

今回の被災地に近い、岡山県美作市では〈東京ドーム87個分相当の約410ヘクタールの斜面が削られ〉、岡山市大井地区でも〈東京ドーム39個分に当たる約186ヘクタールの森林を切り倒し〉……。この記事必読。

今週なぜか『週刊朝日』（7月27日号）が完売状態。表紙グラビア、特集に「Kis-My-Ft2」登場のためらしい。ジャニーズ恐るべし。

これに尽きる「石破茂は総裁選を辞退せよ」

2018・9・1

『週刊文春』、飯島勲（内閣参与）の「激辛インテリジェンス」は毎号、さすがの情報量と分析で必読のコラムだ。

今週（9月6日号）は「石破茂は総裁選を辞退せよ」。今頃、こんなことを言えるのは飯島さんくらい。

〈「正直、公正、石破茂」っていったい何なの？「政治への信頼を取り戻す」とか「国会の公正な運営」とかね。（中略）まるで学級委員の選挙だよ〉

〈安倍続投じゃダメだっていうなら、石破氏はこれらの政策のどの部分がダメで、何が欠けているのか、もっと具体的に指摘してだな。そのうえで「オレが日本丸の船長になったら、こんな政策のかじ取りで行く」っていう政策ビジョンを国民に示してほしい〉

〈ただ反安倍を訴えるだけなら総裁選の討論会もへったくれもないじゃん。（中略）今からでも遅くないから、立候補を辞退すべきだと進言したいね〉

これに尽きる。

その『文春』、相変わらずの安倍批判で、トップが「安倍三選最後の落とし穴　進次郎9・8決起計画」。

9月8日に行われる日本財団主催のフォーラムで小泉進次郎氏が基調講演。そこで事実上の石破支持を表明するのではというのだが。

〈もし今回も最後まで旗幟《きし》を鮮明にしなければ、一回生だった六年前と何も変わっていないことになる〉

『文春』、進次郎氏を煽っている。

『週刊新潮』（9月6日号）「新聞・テレビが報じない『少年法』の敗北『女子高生コンクリ詰め殺人』の元少年が『殺人未遂』で逮捕された」は『新潮』らしい、そして『新潮』にしかできない記事。

1989年、4人の少年たちが、何の罪もない女子高生を40日以上も監禁、強姦《ごうかん》、暴行を繰り返し、最後は殺してドラム缶にコンクリート詰めにした事件。当時『文春』の編集長だったぼくにとっても忘れ難い、凶悪事件だ。

『週刊朝日』（9・7）があきれた新連載。「前川喜平の〝針路〟相談室」歌舞伎町の出会い系バーで、〝貧困女子〟の相談に乗ってる方がお似合いだろう。

『文春』、しっかりしてくれ

2018・9・22

総裁選、予想通りの安倍総理3選だ。石破氏が善戦したとか言うが、これは麻生副総理の言っていることが正しい。「勝つか負けるか」だけだ。

『週刊文春』(9月27日号)が例の斎藤健農水相「石破さんを応援するんだったら、辞表を書いてからやれ」発言の〝犯人〟探しを。

「『安倍親衛隊』恫喝《どうかつ》、ゴマスリ『実名リスト』」

ところが、この記事、単に〝容疑者〟ではないかと噂される人物を挙げ、否定コメントを並べただけ。

たとえば、林幹雄《もとお》幹事長代理。

〈「俺じゃないよ、ふざけるんじゃない。斎藤が誰を応援しようと、大勢に影響はない」〉

たとえば茂木敏充経済再生担当相。

〈「私は言ってませんよ。総裁選の話もしていない」〉

下村博文元文科相。

〈「全くの事実誤認。斎藤大臣に事実確認をして下さい」〉

萩生田光一幹事長代行。

〈「（斎藤氏とは）何カ月も話をしたことはありません。電話番号も知りません」〉

これで、「実名リスト」とはあんまりだ。『文春』、しっかりしてくれ。

総裁選の次は沖縄県知事選だ。

『週刊新潮』（9月27日秋風月増大号）のトップが「『沖縄知事選』謀略カードは『安室奈美恵』」。

玉城デニー氏を支持しないよう竹下亘総務会長が国民栄誉賞をちらつかせて安室奈美恵さんに沈黙を迫った、というのだが、『新潮』自身が、記事の中でこう書いている。

〈何やら信じがたい話〉

〈選挙戦だから出てくる〝特殊〟な言論で、安倍自民に対するネガティブ・キャンペーンと見た方が自然〉

何をかいわんや。こちらも記事にするまでもない話だ。

『新潮』、それよりワイド特集「沈黙は金」の方がおもしろいネタを拾っている。

「『小池百合子』に裏切られた『女将さん会』が築地に座り込み⁉」

「キス61連発!　中国テレビに私生活を切り売りした『福原愛』夫婦ラリー」などなど。

LGBTと『新潮45』休刊問題

2018・10・6

また、貴乃花だ。

稀勢の里復活で喜んでいる多くの相撲ファン（ぼくも含め）は、「またか！」と苦々しい思いなのではあるまいか。

騒動発生以来、ずっと貴乃花側に立って発信してきた『週刊文春』（10月11日号）は、早速「貴乃花独占告白『相撲協会は私を潰しにきた』」。

貴乃花のコメントを読むと、それなりに筋が通ったことを言っている。相撲協会に改革すべき点があることもたしかだろう。ならば貴乃花、協会内で仲間を増やし、中から改革に取り組んでほしかった。

『週刊新潮』（10月11日号）「『貴乃花』が『相撲協会』大そうじの最終手段」では貴乃

花参院選出馬の噂を。すでに、〈「安倍総理と極秘会談しており、参院選出馬が決まったため、今回、引退を表明した、という情報も流れている。二人を引き合わせたのは馳浩元文科相で、親方は議員になったあかつきには、パワハラ問題が続発するスポーツ界全般の改革を担う」（永田町関係者）〉。

有力タニマチがこの話をぶつけると、本人は〈「冗談言わないで下さい」〉と一蹴した、というのだが。

『文春』は左柱で『新潮45』休刊問題を取り上げている。

「『新潮45』を休刊させた〝安倍応援団長〟を直撃150分」

『約束の日　安倍晋三試論』（幻冬舎刊）を書いた小川榮太郎氏（文芸評論家）を論《あげつら》っているのだが、何が言いたいのかよくわからない記事。

要は『文春』がこのところ続けている安倍批判の一環なのだろうが、『文春』なら、LGBTと『新潮45』休刊問題を真っ向から論じてほしかった。

本来なら言論の自由を守るために闘ってきた『新潮』に期待したいところなのだが、さすがに社内事情もあってやりにくいのはわかる。『文春』なら、それができるのに、こんな〝変化球〟は残念。

『週刊朝日』（10・12）トップ2本の特集が「寝たきりにならない歩き方」と「健康寿

命を延ばす最強の漢方」。いつの間に健康雑誌になったのか。

何がなんでも安倍政権叩き

2019-2-2

古巣のことを、あまり厳しくは書きたくないのだが、『週刊文春』がおかしい。何がなんでも安倍政権叩きの姿勢が露骨。そんなことは朝日新聞、東京新聞あたりにまかせておけばいいのだ。

今週（2月7日号）のトップが「『大本営発表』に騙されるな！　偽りだらけの安倍晋三」。敬称ナシも如何なものか。

予想したとおり、タイトルのわりに、中身は薄い。

昨年12月20日号でも元NHK記者、相沢冬樹氏の本を紹介し、「独占手記　森友スクープ記者はなぜNHKを辞めたか」という記事をトップにしていた。思わせぶりなタイトルだが、要は、文藝春秋から出した相沢氏の新刊『安倍官邸VS.NHK』のパブリシティー。

本自体、中身はスカスカ、読んでガッカリした。

時の政権を批判することはむろん必要だが、『文春』らしく、正攻法でやってほしい。

『週刊新潮』（2月7日号）は今週も小室問題がトップ。「『紀子さま』が『小室圭さん』釈明文書にきつすぎるお言葉」

リードに〈事態は泥沼の様相を呈している〉とあるが、事態はもう、とっくに終わっているのだ。

小室文書に対しては、

〈秋篠宮邸では、紀子妃が、《今さら遅すぎます》と、辛辣《しんらつ》なお言葉を漏らされているという〉。

佳代さん（小室さんの母）と元婚約者のトラブルについて〈「『それを解決できたからと言って、私たちが結婚に向けて前向きになれるかといえば、そうではありません』と漏らされていました」〉（同家の事情に通じるさる関係者）。

それにしても、空気の読めない小室母子だ。

『週刊現代』『週刊ポスト』はすっかり老人誌化してしまった。今週の大特集、『ポスト』（2・8）は「親が『ボケる前』『ボケた時』にやるべきこと」、『現代』（2・9）は「老親もあなたも死んでからでは遅い」。

大事な問題ではあろうが、読む気がしない。

「驕れる安倍晋三のフェイクを撃つ」

2019・2・23

タイトルといい、県民投票直前というタイミングといい絶妙だ。『ニューズウィーク日本版』(2・26)のルポ「OKINAWAN RHAPSODY(沖縄ラプソディ)」。タイトルはむろん、大ヒット中の映画「ボヘミアン・ラプソディ」から。

石戸論さん(ノンフィクションライター)による16ページにもわたる沖縄現地ルポは読ませる。左右を問わず多くの人にじっくり話を聞いて、沖縄という島の「複雑」な現実を追っている。

このルポを読むためだけに460円払っても惜しくない。

こういう優れたルポの後に『週刊新潮』(2月28日号)今週のスクープ、「『田畑代議士』を準強姦で告訴した被害女性の独占激白10時間」を読むといささかゲンナリする。

『新潮』によると、告訴した20代の〝被害女性〟と田畑毅《つよし》代議士（46）は昨年夏に知り合って、すでに性的関係もあり、クリスマスイブにデート。

彼女は〈ハイボールを1杯空ける。その後、焼肉屋に入って、グラスのシャンパンを1杯、そして、街の華やいだ雰囲気に呑《の》まれるように、赤ワインのボトルを1本空けた〉あげく、彼女の部屋で気がつくと〈全裸で毛布をかけられていた〉。

単なる痴話げんかなのでは。

しかも、女性を「A子さん」として同じ件を取り上げている『週刊文春』（2月28日号）によると、

〈「実は、A子さんにはもうひとり、B氏という信頼を寄せる五十代の男性がいるのです。（中略）公私共に親密な間柄」〉（地元の社会部記者）

田畑代議士を警察官に突き出したのもその男性だという。

田畑代議士は『新潮』発売前の15日に自民党に離党届を提出。処分はされぬらしい。

それにしても宮崎謙介、中川俊直……代議士の質も落ちたものだ。

このところの『文春』の安倍叩きは異常。今週も「驕《おご》れる安倍晋三のフェイクを撃つ」とタイトルは勇ましいが、中身は新聞報道の域を出ていない。単なる政界ゴシップレベルだ。

『週刊文春』60周年記念特大号

2019・3・23

『週刊文春』、今週（3月28日号）は60周年記念特大号。

昭和34年4月8日、新聞各紙に1ページの大広告が掲載された。〈あさっては皇太子さまの御結婚・きょうは週刊文春の発売日〉。

こんなコピーがついていた。

〈文藝春秋を大きな航空母艦とすれば、『週刊文春』は、その甲板からとび立つ超音速のジェット機です〉

表紙は美智子さま、グラビアには軽井沢テニスコートでの初々しいお二人。

発行部数75万部。

以来60年、今年が、天皇陛下退位の年になったというのも感慨深い。

グラビアの特別企画「決定的瞬間」、東大安田講堂で連行される若者、大阪万博のフィナーレ、引退試合で涙を拭う長嶋茂雄など、一枚一枚が貴重な時代の証言だ。もっとページを取ってもよかったのでは。

で、今週号のトップは「眞子さまを傷つけた紀子さまのお言葉」。

このところ『文春』『週刊新潮』が毎号のように眞子さまの婚約問題を取り上げているのはいかがなものか。

しかもコメントは「秋篠宮家周辺」「宮内庁幹部」「小室家周辺」「宮内庁関係者」……など、ほとんど匿名。

この程度の内容なら女性週刊誌にまかせておいたらどうか。

自民党・二階俊博幹事長の「安倍4選」発言で政界がザワついているが、『文春』の人気連載コラム「激辛インテリジェンス」で飯島勲さんが4選ならぬ、〈安倍総裁任期は2024年まで延長せよ〉。

飯島さんが言うのなら、あるかもと思わせる。

『ニューズウィーク日本版』（3・26）の特集は「5Gの世界」。

5Gとは、第5世代移動通信システムのことで〈移動通信の情報量が2010年の1000倍以上になると予測され〉〈5G関連ビジネスだけを見ても3兆5000億ドル規模〉。

具体的には、たとえば〈発した言葉はそのまま瞬時に多言語に翻訳できる〉などなど。人間が退化しないのか。

第12章　令和の桜

新元号「令和」の発表　絶妙のタイミング

2019・4・6

新元号「令和」の発表が4月1日月曜日の11時半、『週刊文春』『週刊新潮』は月曜が締め切りだから、絶妙のタイミングだ。

『文春』（4月11日60周年記念特大号）がトップで「安倍政権VS.平成皇室『令和』暗闘ドキュメント」。

『新潮』（4月11日号）も当然、トップで「『新元号』報じられない20の謎」。

『新潮』の作戦勝ち。

『文春』はどうしても「暗闘」にもっていきたかったようだが、それにしては情報不足。ムリヤリ感が否めない。

そこへいくと『新潮』、細かい話題を20拾って、なかにはへーと思わせるエピソードも。

たとえば、秘密保持のために、

〈「官邸の植木に盗聴器が仕込まれていないかチェックする念の入れよう」〉（政治部デ

スク〉。

たとえば、「改元直後に三度も内閣崩壊の不気味なジンクス」。

1989年1月、竹下内閣は新元号「平成」を発表。すると〈消費税導入に対する反発とリクルート事件で支持率が4％台を切るまで急落。内閣は5カ月後に退陣〉。

1926年12月、「昭和」の改元では〈大蔵大臣の「本日、渡辺銀行が破綻いたしました」という失言がきっかけで「昭和恐慌」が勃発。若槻内閣は27年4月に総辞職〉。

1912年7月、「大正」の改元でも、〈陸軍大臣が辞表を叩きつけて〉西園寺公望内閣が崩壊。

〈さて今回はというと、改元の5カ月後には消費税の再増税が待ち構えている〉

安倍総理には、そんなジンクス、ぜひ、打ち破っていただきたい。

『新潮』ではもう1本。「『働き方改革』が国を滅ぼす」。

〈仕事量はそのままに残業を減らせば、だれかにしわ寄せが〉という実情を拾っている。

〈働き方改革を通じて、日本人はいま、総じて、イソップ寓話《ぐうわ》の「アリとキリギリス」におけるキリギリスになろうとしているかのようである〉

今さらの「令和」に否定的な意見集め

2019・4・13

新元号「令和」については当然、各誌が取り上げているが、いちばん、真っ当に論じているのが『ニューズウィーク日本版』（4・16）だ。

表紙は菅義偉官房長官会見の写真で「世界が見た『令和』」10ページ。全体的に素直な見方で好感が持てる。

コロンビア大学のキャロル・グラック教授（歴史学）はこう書く。

〈外務省の公式の英訳によれば「Beautiful Harmony＝美しい調和」だそうだが、そう言われて誰が異議を唱えるだろうか。「令」という漢字を「命令する」と読む人や、国家による国民管理の意図を示唆していると疑う人もいるが、出典が和歌の序で梅の開花をうたっていることから、後者の解釈は少し行き過ぎだろう〉

〈近現代の5つの元号には共通点がある。どれも前向きで、ポジティブで、大志を感じさせることだ。「Enlightened Rule＝啓蒙統治」（明治）、「Great Righteousness＝偉大なる正義」（大正）、「Bright Pea ce＝明るい平和」（昭和）、「Achieving Peace＝平和を達成する」（平成）。「Stormy Fury＝嵐のような怒り」や「Endless Turmoil＝終わりなき混乱」といった意味の元号を、私は聞いたことがない〉

で、結論は、

〈時代の名前に何か意味があるのか。少なくとも、それが始まるときには何もないのだ。結局のところ、令和の2文字の由来や意味は、さして問題ではない。重要なのは、人々が何をしながら新たな時代を切り開いていくのかということ、歴史をつくるために、何をしていくかということだ〉

これに尽きる。

『週刊文春』（4月18日60周年記念特大号）「安倍官邸『最終決裂』菅義偉『令和の変』が始まった」。最初にタイトル（結論）ありき感が否めない。

〈「令和時代」を目前に、安倍官邸には修復不能な亀裂が走っている〉という結論にそって集めた情報がほとんど。

『週刊朝日』（4・19増大号）「『令和』に隠された安倍政権の思惑」。今さら「令和」に否定的な意見ばかり集めて意味があるのか。

近来、まれな朝日新聞の大誤報

2019・7・20

朝日新聞は7月9日1面トップで大きく「ハンセン病家族訴訟　控訴へ」と打った。その日の夕刊、翌7月10日の朝刊1面では前日にも増して大きな活字で、「ハンセン病家族訴訟　控訴せず」。

近来、まれな大誤報。これは朝日、悔しかったろう。夕刊1面では「おわび記事」を出し、10日朝刊2面では「誤った経緯説明します」と取材経過の説明まで。

『週刊新潮』（7月25日号）、朝日の傷に塩を擦り込むようにトップで、「『朝日新聞』は釈明記事でも『重大事実』を隠蔽した！『ハンセン病家族訴訟』大誤報の舞台裏」。

実は安倍総理は〈「8日の夜にはその方針（控訴断念）を固めていた。だからこそ、9日午前2時1分にNHKが『控訴断念へ』と報じ、毎日新聞も同日朝刊で『政府内に控訴断念論』と書いたのです」（テレビ局の政治部記者）〉

朝日も「控訴は難しい」という情報は得ていた。が検証記事には、その部分が消えていた。

なぜか。

屋山太郎さん（政治評論家）がズバリ。

〈「〝控訴は難しそう〟との情報があったにもかかわらず、『控訴へ』と大誤報を打ったのは、選挙中の安倍総理に打撃を与えてやろうという朝日の政治的意図……」〉

〈「控訴しないという情報も得ていたことを正直に書いてしまうと、それをあえて無視した朝日の政治的意図が明らかになってしまう」〉

で、『新潮』の結論。

〈今日も続く朝日の安倍総理批判。事実よりも憎悪が優先される新聞の「異常性」が、あまねく読者に伝わるのはいつの日か――〉

『週刊文春』（7月25日号）のトップは「稀代のプロデューサーの光と影　ジャニー喜多川審美眼と『性的虐待』」。

多少とも本人を知っていたぼくにとっては後味の悪い記事だった。今さらそんなことを糾弾して意味があるのか。

『週刊朝日』（7・26）の表紙、これまでジャニーズのタレントが登場した表紙を集めて「追悼　ジャニーさん、ありがとう！」。すてきな表紙だ。

すっかり反安倍シフトの『週刊文春』

2019-8-3

吉本騒動が止まらない。

すっかり反安倍シフトの『週刊文春』（8月8日号）など「安倍官邸と蜜月　吉本のドン大﨑会長が狙う血税122億円」「『松本・大﨑支配』のごっつやな感じ」の2本立てで吉本興業を批判している。

〈もはや闇営業問題は一企業と所属タレントとの契約トラブルの域を超え、吉本の社運を左右する経営問題に発展しているのだ〉と言うが、果たしてそうか。

テレビのバラエティー番組など、ほとんど見ないから、今、話題になっている宮迫博之や田村亮がいったいどんな「芸」を持っているのかは、ハッキリ言って知らない。

しかし、各誌の吉本関連記事を読んでいて、いちばんストンと胸に落ちたのは『週刊新潮』（8月8日号）ワイド型式の特集「『朝日新聞』が社説で勘違いする『吉本問題』への溜め息」のなかの一本、西川のりおのコメントだった。

〈「芸人って個人事業主でしょ。勝手に営業行ってもええけど、なんか起きたら自分で責任取れよ。宮迫も田村も、好きで行ったんやから自分でケツ拭くべきやろ」「ウチらは芸人や。サラリーマンちゃう。（中略）うまく行ったら一攫千金やけど、うまく行かんかったら野垂れ死に。そういう覚悟でこの世界に入ったんちゃうんか。それなのに、最低限の賃金保障をしろなんておかしな話ですよ。それやったら、お笑い辞めてサラリーマンにならんかい」〉

特集冒頭の朝日社説批判は笑える。

参院選で旋風を起こした「れいわ新選組」と「NHKから国民を守る党」に関してはメディアも他の野党も何となく及び腰だ。

『新潮』ですら「衆院選に100人擁立をぶち上げた！『山本太郎』を台風に育てる慄然『衆愚の選択』」のなかで、〈参院選で生まれた新しい芽は、所詮は衆愚の選択のたまものであるということか〉。

ここで、「か」は不要。衆愚の選択そのものではないか。

「『安倍総理』と『小泉進次郎』が訣別！」

2019・9・14

11日、新聞各紙の朝刊が安倍再改造内閣の新閣僚を報じ、小泉進次郎氏の環境相就任を取りあげている。まさにその日の朝刊に『週刊新潮』（9月19日号）の広告がデカデカと、「『安倍総理』と『小泉進次郎』が訣別！」。

これには編集長も頭を抱えたろう。

連休の関係で発売日を1日早めたのが裏目に出た。むろん、記事の方はさすが『新潮』で、ちゃんと〈入閣の如何にかかわらず、二人の間の距離が開いた〉と予防線を張ってはいるが。

『週刊文春』（9月19日号）は「進次郎裏切り全真相　内閣改造インサイド」。こちらは発売日を変えなかったため、リードにはちゃんと〈自民党のプリンスがついに入閣を果たした〉。「裏切り」とは穏やかでないが、要は〈総裁選では石破支持を表明。官邸と距離を保ってきたはずの小泉氏はなぜ〝変節〟したのか〉。

記事を読んでも、「なぜ」は一切書かれておらず、「全真相」にはほど遠い。「裏切り」「変節」と責めるほどのことはあるまい。

グラビア、橋本聖子新五輪相がフィギュアの高橋大輔にキスを迫るシーンの再録は意地悪。

先週号（9・13）の韓国特集（編集注／特集タイトルは「韓国なんて要らない」）で毎日新聞、東京新聞や左派系言論人、ジャーナリストから集中砲火を浴びた『週刊ポスト』。一応「お詫び」らしきものも出したので、今週号（9・20／27）はどうかな、と心配していたのだが、堂々とトップで「韓国の『反日』を膨らませた日本の『親韓政治家』たち」と「韓国歴代大統領『対日外交術』の54年史」の2本立て。

週刊誌たるものこれでなくっちゃいけない。

『週刊朝日』（9・20）の表紙が「キンプリ」で、『サンデー毎日』（9・22）の表紙が草彅剛（グラビアでも）。両誌とも中身と全く合っていない。最近の両誌はこんな表紙ばっかり。要は表紙とグラビアで、ファンが買ってくれればいいという姿勢。なら、その手のグラフ誌でも作ったらいい。

「首相、招待関与認める」

2019・11・23

21日の朝日新聞（東京版）、1面トップで白ヌキの大見出し「首相、招待関与認める」。総理が何か悪いことでもしたようだが、総理主催の「桜を見る会」なのだから「関与」は当たり前、印象操作もいいところだ。

朝日に限らず、一連の「桜を見る会」報道、なぜこんなことで大騒ぎしているのかがわからない。

『週刊新潮』（11月28日初霜月増大号）の特集「狂い咲き『桜を見る会』はバカ騒ぎでも安倍首相『前夜祭』の釈明21分間に二つの墓穴」で、〈20回以上、この会に出席してきた〉デーブ・スペクター氏が言っているとおりだ。

〈「そもそも、首相の主催なんだから、自分と縁のある人を招くのは当たり前。民主党政権の時は民主党の後援者が来ていましたよ」〉

しかし、〈特に疑問視されているのが、安倍後援会主催の前夜祭だ〉と『週刊文春』（11月28日号）。「安倍晋三『桜を見る会』『虚偽答弁』を許すな」とまるで朝日の社説みたいなタイトルだ。

参加者800人が多過ぎる、会費5000円が安過ぎるというのだが、直撃されたオータニの代表取締役常務で東京総支配人、清水肇氏の説明。

〈「五千円が安いと言われても、うちがそれで引き受けているんだから。だいたい、シーズンや空き状況によっても値段は変動するでしょ。（中略）こちらだって商売なんだから、予算に応じて検討しますよ」〉

〈世論は納得していない〉と言うが、野党とメディアのバカ騒ぎ、うんざりしている国民の方が多いのでは。

何度も書いたが、『文春』、総理を呼び捨てはないだろう。

『新潮』トップ「『官邸の番犬』が前代未聞の忖度捜査！　安倍総理『秘書ご子息』のケンカに捜査一課を投入した次期『警察庁長官』」はひどい記事だ。4年も前のごく些《さ》細《さい》な事件に絡んで、警察庁の中村格《いたる》官房長を誹謗《ひぼう》中傷。このところ好調の『新潮』だけに残念。

『ニューズウィーク日本版』（11・26）の特集は「プラスチッククライシス」。これこそ今、読むべき記事だ。

「桜を見る会」、それほどの大事か

２０１９・11・30

アメリカ上下両院では圧倒的多数で「香港人権民主法案」を可決、トランプ大統領が署名し、成立した。

折も折、日本の国会では野党が「桜を見る会」追及に狂奔。なんと76人態勢（！）の追及本部まで立ち上げたというのであきれていたら、その最初の仕事が、内閣府のシュレッダー視察。しかも2時間もねばって断られた――。

書いていてバカバカしくなる。それほどの大事か。

ところが、週刊各誌も同調して今週も「桜を見る会」批判。

『週刊文春』（12月5日号）「安倍『桜を見る会』に新証拠」。

『週刊新潮』（12月5日号）「『神の水』でつながる『安倍総理』と『ニューオータニ』のただならぬ関係」。

『新潮』、ニューオータニの社長が心酔していた〈奇怪な「お告げ」や「悪霊祓い」を行う団体〉（２００８年に〈清算結了〉）の事務所がニューオータニにあった。その主宰者が安倍総理の父親の安倍晋太郎氏と同郷で縁があり、総理も手かざしで治療を受け、完治したことがある、という、『新潮』自身も書いている〈俄《にわ》かには信じがたい〉話。

これで「ただならぬ関係」はオーバーだろう。

『文春』の「新証拠」も些末《さまつ》なことだし、しかも詰め切れていない。

もう一度言うが「桜を見る会」、それほどの大事か。

そこへいくと『ニューズウィーク日本版』（12・3）の手並みは鮮やか。絶妙のタイミングで「香港のこれから　デモ隊、香港政府、中国はどう動く」12ページ。

石平氏が「今後のシナリオを読む」を寄稿しているが、石平氏にして香港の今後は読み切れないようだ。

香港デモ隊の仮面の告白。マスクなどで顔を隠した写真付きの15人のインタビューはビジュアルを生かした同誌ならではの好企画。

香港デモに参加している人たちの思いがストレートに伝わってくる。

今、われわれも、せめて報道することによって彼らを応援しなくては。

第13章　朝日のモラルハザード

ここまで堕ちたか「天声人語」

2019・7・10

朝日新聞はいったいどこの国の新聞なのか。

かつて朝日（ちょうにち）新聞と揶揄《やゆ》されたことがあったが、冗談とも言えなくなった。

7月1日、日本政府は対韓国輸出規制を発表、朝日は3日に早速、社説でこう論じた。

タイトルからして「『報復』を即時撤回せよ」だから中身も見当がつく。

まず、G20で「自由で公平かつ無差別な貿易」を宣言にまとめた直後の規制発表は〈多国間合意を軽んじる身勝手な姿〉。

〈日韓双方の経済活動に悪影響をおよぼす〉から〈無責任というほかない〉。

読んでいて韓国の新聞かと思った。

〈政治の対立を経済の交流にまで持ち込むことが、日韓関係に与える傷は計り知れない〉

〈今回の性急な動きは事態を一層こじらせている〉

で、結論は、

〈日韓両政府は頭を冷やす時だ（中略）国交正常化から半世紀以上、隣国間で積み上げた信頼と交流の蓄積を破壊してはならない〉

「身勝手」で「性急」と朝日は日本政府を批判するが、これには長い前段がある。

①２０１８年10月30日韓国最高裁は新日鉄住金にいわゆる徴用工に対する賠償を命令（いわゆる徴用工判決）。

②18年11月16日には慰安婦財団解散を一方的に日本政府に通告。19年7月5日、正式に解散を発表。

ついでだが、財団を勝手に解散するなら、日本が出した10億円は返すべきだ。この点について文在寅《ムン・ジェイン》政権は一切言及ナシ。

③18年12月20日には韓国海軍駆逐艦が自衛隊哨戒機にレーダー照射。

④19年2月、韓国国会議長が天皇に謝罪要求。

⑤徴用工判決については日韓基本条約で解決済み。日本政府は半年以上、何度も具体的対応策を出すよう要求を続けたが、これも無視。

文在寅政権が執拗《しつよう》に繰り返す反日的な行動は目に余った。

この反日的行動については朝鮮日報ですら〈韓国政府も事態を放置し、対日外交の無能、無策をさらけ出した〉と、文在寅政権を断罪している。

この間、朝日新聞はこれら韓国の対応を「身勝手な姿」と批判したこともないし、「無責任というほかない」と難じたこともない。

だいいち、今回の輸出規制、基本的に対象品目の輸出に関し、「包括許可」を「個別許可」に戻すだけ。韓国を「ホワイト国」（優遇措置を受ける条件を満たしている国）から外しただけのことだ。報復措置でも何でもありゃしない。

社説よりひどいのはやはり3日付の「天声人語」。

〈米国が中国に仕掛けた貿易戦争さながら〉

〈韓国側にも問題があるにせよ、これでは江戸の仇《かたき》を長崎で討つような筋違いの話だ〉

冒頭ではあくびはうつるという話を書いて、最後にそこに結びつけ、

〈▼ちなみに人のあくびは犬にも伝染するらしい。忠誠を尽くす飼い主からとくに影響を受けやすいとの研究結果がある。日本政府の場合は、こちらに近いか〉

要するに安倍総理を「トランプの犬」だと言っているのだ。

安倍総理を叩くためなら何でもあり、芸もなければユーモアのカケラもない。

「天声人語」もここまで堕《お》ちたか。

泉下《せんか》で荒垣秀雄氏や深代惇郎氏が泣いているだろう。

あまりに露骨な朝日の参院選報道

2019・7・24

参院選はまずまずの結果だった。

自・公・維のいわゆる〝改憲勢力〟が3分の2に達しなかったのは残念だが、ま、しかたあるまい。

開票翌朝22日の朝刊各紙の1面トップの大見出しはハッキリと二つに分かれた。

朝日新聞は、「自公　改選過半数」、ベタ白抜きで「改憲勢力2／3は届かず」。

毎日新聞も、「自公勝利　改選過半数」、同じくベタ白抜きで「改憲3分の2届かず」。

これに対して読売新聞は白抜きで「与党勝利　改選過半数」。

産経新聞は、「改憲勢力3分の2割れ　自公、改選過半数は確保」。

それにしても今回の朝日の参院選報道、あまりに露骨というか、一応、綱領で不偏不党をうたっている新聞がこれでいいのかとあきれた。
公示直後の7月7日から1面左肩で、「問う　2019参院選」という囲み記事が始まった。
第1回が松田京平政治部次長による「『嘲笑する政治』続けるのか」。
安倍晋三総理の「悪夢のような民主党政権」という発言を捉えて、
〈民主党政権の失敗と比較して野党を揶揄《やゆ》、こき下ろす。身内で固まってあざ笑う――。自分が相手より上位にあり、見下し、排除する意識がにじむ。（中略）
野党を圧倒する議席に支えられた強固な権力基盤の中で、「嘲笑する政治」が6年半、まかり通ってきたのではないか〉
で、結論が、
〈このまま「嘲笑の政治」が続くなら、民主主義は機能しない〉
「嘲笑する」というが、共産党の志位・小池コンビや立憲民主党の枝野代表と彼らの支持者たちが、いかに口汚い言葉で安倍総理を嘲《あざけ》り続けているかを松田次長、知らぬハズがあるまい。
政権を批判している国会周辺のデモ隊が、一国の総理に向かって「安倍死ね！」とまで書いたプラカードを掲げても、一緒に気勢を上げている野党議員たちの誰ひとり、そんなことは止めろと注意さえしない。そういう事実を新聞記者なら知らぬハズがあるまい。

彼らの安倍批判（というより罵詈雑言）、そこには一国の総理に対する敬意など微塵《みじん》も感じられない。

そのことについて朝日はどう思っているのか。

安倍総理の「悪夢」発言はジョークに過ぎない。

「問う　2019参院選」という囲み記事は、その後、

2「非正規の女性、置き去りか」

3「くすぶる不安、『未来』に責任を」

4「首相の密談外交、見えぬ将来像」

5「憲法、議論迫る矛盾と危うさ」

と続き、一方的な安倍政権批判に終始。

特にひどかったのは原真人編集委員による3で、いわゆる韓国への〝輸出規制〟問題に触れ、

〈韓国政府の対応に問題があったとしても、これでは日本が掲げてきた「自由貿易」の看板に泥を塗りかねない〉

まるで悪いのは日本と言わんばかりだった。

朝日が、これほど露骨な偏向報道を続けても、結局、参院選で自公が勝利したのは朝日の衰えを示して、慶賀すべきことかもしれない。

それでも朝日は性懲りもなく22日夕刊1面で〈自民、勝ったけど　比例2000万票割れ、大幅減〉と大見出し。

自民が前回参院選より約200万票減ったというのだが、記事を読むと、立憲は結党直後の衆院選の時より約300万票も減っている。

語るに落ちたというべきだろう。

「頭から腐っている」のは朝日新聞

2020・3・11

朝日新聞の社説、これまでにもさんざん批判してきたが、これほどひどい社説も滅多にあるまい。

「安倍政権の日本　不信の広がりを恐れる」という3月2日の拡大版社説。

安倍政権、総理に対し、これでもか、と罵詈雑言を浴びせている。

〈この7年あまりの安倍政権のもと、日本の統治の秩序は無残なまでに破壊されたと言わざるを得ない〉

から始まって、

〈予算委での（総理の）説明内容は、虚偽との疑いを抱かせるに十分だ〉

例の立憲民主党辻元清美議員の「鯛は頭から腐る」発言に対し、総理が「不規則発言だった」と侘びたことに対し、

〈謝るべきは閣僚席からの「不規則発言」という外形的な行為ではない。行政監視の手段としての議員の質問を「意味がない」と否定したことだ〉

しかし、あの辻元発言は質問でも何でもない。単なる「意味がない」捨てゼリフではないか。

ついでに言うと魚は「頭から腐る」のではない、「腹から腐る」のだ。

社説はその後も、

〈安倍政権は、統治の秩序をやり放題に壊してきた。その傷口から流れ続ける「うみ」が、いまの政治には満ちている〉

〈まさに「組織は頭から腐る」を地で行っている〉

〈安倍政権が破壊してきたのは、統治の秩序だけではない。国民の政治への信頼もまた、大きく損なわれた〉

〈ウイルス対応をこの政権に任せて大丈夫なのか〉

朝日新聞はいったい誰に任せたら大丈夫だというのか。枝野？　それとも石破？　とにかく、あらゆる機会を捉え、何が何でも安倍政権を倒そうという朝日の執念、恐るべきものだ。

2月の朝日新聞の社説を改めてチェックしてみた。

やはりいちばん多いのは新型肺炎関連で8本。次いで黒川検事長人事が5本。桜を見る会が4本。

「桜を見る会」関連4本はすべてタイトルからして安倍総理批判。

「桜を見る会　ごまかし答弁極まれり」（2月6日）

「荒涼たる国会　安倍首相の責任は重い」（2月13日）

「首相と国会　その言動　胸を張れるか」（2月18日）

「桜を見る会　首相の説明　破綻明らか」（2月23日）

検察人事関連5本では、

〈いまや政権にモノを言えない空気が霞が関を覆い、公文書の隠蔽《いんぺい》・改ざんなど深刻

なモラルハザードを引き起こしている〉（2月11日）
〈安倍政権には、積み重ねてきた憲法解釈を一片の閣議決定で覆し、集団的自衛権の行使に道を開いた過去がある。今回の乱暴な振る舞いも本質は同じだ〉（2月16日）
〈その場しのぎで支離滅裂な政府の対応〉（2月26日）
　そして新型肺炎。
　全国一斉休校に対し、
〈首相の表明はあまりに唐突で、かえって混乱と不安を招きかねない〉（2月28日）
〈大きな懸念材料がある。先頭に立つ政府が信頼されていないことだ〉（2月27日）
などと安倍政権批判を続けた後、3月2日の拡大社説につながるわけだ。
　未曾有の国難に必死に取り組んでいる安倍総理と安倍政権を必死に貶め続ける朝日新聞。多くの国民がどちらを支持するかは火を見るより明らかだろう。
「頭から腐っている」のは朝日新聞だ。

「天声人語」の曲解がひどすぎる

2020-8-5

よくここまで悪意を持って書けるものだ。こんなふうに捩じ曲げて書けるものだ。亡くなった台湾の李登輝元総統に触れた8月1日、朝日新聞の「天声人語」。これは「天声人語」史に残るひどい文章だ。「天声人語」といえば朝日社内でも名文家と認められる論説委員クラスの記者が書いているはず。長谷川如是閑まで遡らずとも、深代惇郎氏、辰野和男氏など記憶に残る「天声人語」子も少なくない。

四節目の〈「犬が去って豚が来た」。台湾でよく聞く言葉である〉。

まず、ここでカチンと来た。

確かに戦後、日本統治が終わって日本人が台湾から去り、代わって中国人が来たことを、当時、そういう言葉で表現はしていた。歴史書などを読めば、そういう記録はある。しかし、〈台湾でよく聞く言葉〉か。

ぼく自身、何度も台湾に行き、多くの台湾人に会ったが、台湾の人からそんな言葉を聞いたことは一度としてない。問題はその後段だ。

〈総統在任中も退任後も、李氏は日本支配に対する嘆きや恨みを公言しようとはしなかった。自宅を訪れた日本人記者の目の前で、曽文恵夫人を「ふみえさん」と呼んだことも。好むと好まざるとにかかわらず、日本語をすり込まれた歳月の長さを思わせて、やはり寂しい〉

京都大学に留学し、かつて「岩里政男」という日本名を名乗っていた李登輝さんが、いかに日本を、日本人を愛していたかは誰でも知っている話だ。嘆きや恨みなど口にするハズもない。

夫人を「ふみえさん」と呼んだのも、日本人記者に対するサービス精神もあったろうが、日本人に対する敬意と愛情の現れではないか。〈日本語をすり込まれた〉からそういっているわけではあるまい。

曲解、こじつけもいいところだ。

朝、「天声人語」を読んで、すっかり不愉快になってしまった。

李登輝さんとは二度、お目にかかって親しく話をさせていただいたことがある。

一度目は2012年5月、宮崎正弘さん（評論家）が計画し、堤堯さん（元文藝春秋社常務）、高山正之さん（評論家）、作家の中村彰彦さん、それにぼくの5人で4泊5日の台湾旅行。

1日、台北から車で40分、大渓のお宅に李登輝さんを訪ね、懇談した。

2度目は15年10月末、やはり大渓のお宅で、櫻井よしこさんと対談していただいた。

まず、中国依存を強める馬英九政権に苦言を呈し、その後、中国批判。

「結局、中国共産党のやり方は中国国民を幸せにしていない。13億人中、中産階級は約2500万人、総人口の2%でしかありません。役人の汚職も横行し、国内秩序が揺らぎ始めている。

だから、習近平は領土的野心を隠そうとせず、周辺諸国と至るところで紛争を起こしているのです」

李登輝さんが習近平と呼び捨てにしていたのが、印象に残っている。

「だからこそ、日米関係、日台関係がますます大事になってくる。一緒に、東アジアの安定と平和を守る義務があるのです」

世界政治で何か異変が起こった時、あの人ならどう見るか、どう考えるかを聞きたい政治家OBが日本にはいない。

ぼくにとって李登輝さんは唯一、そういう存在だった。

ご冥福を祈る。

それにしても「天声人語」は礼を失している。

あとがき

かつて「朝日を読むとバカになる」というタイトルをつけたことがある。ちょっと品がないと叱られたが、事実だから仕方がない。

戦後、国を二分するような問題で朝日新聞が主張してきたことは結果的にことごとく誤りだった（国を二分したと書いたが、朝日新聞が反対したから、二分した、二分したように見えたということもある）。
①自衛隊の発足（当初警察予備隊、1950年）
②単独講和か全面講和か（1951年。これは実に巧みなネーミングで、ソ連を入れるか否かで、決して単独講和ではない）
③警職法（警察官職務執行法改正案、1958年）
警察官の職務質問などの権限を拡大するもので、この時、反対派のキャッチフレーズは「デートもできない警職法」だった。

④安保改正賛成か反対か（1960年）

そして安倍内閣になってからの

⑤特定秘密保護法（2013年）

⑥集団的自衛権の憲法解釈変更（2014年）

⑦平和安全法制（安全保障関連法、2015年）

この時のデモで、あの山口二郎法政大学教授の「安倍に言いたい。おまえは人間じゃない！　叩き斬ってやる！」発言が飛び出した。

この発言に対して、ぼくが今、最も期待している先崎彰容さん（日本大学教授）はこう書いている。

〈彼の心を占拠している正義感とドン・キホーテのそれをどう区別したらよいのでしょうか。〉

〈個人への誹謗中傷や罵詈雑言は、思想的には正反対であるはずのネット右翼のヘイトスピーチに奇妙なまでに似ています。ヘイトスピーチの批判対象が在日外国人であれば同情の対象となり、安倍氏にたいしては許可される根拠は、いったい何処にあるのか。〉（『違和感の正体』新潮新書）

まったく、その通りだ。

以上、①から⑦、その時、その時に朝日は政府方針に反対の大キャンペーンを張って来た。

しかし、現在となってみれば、そのことごとくが誤りだったことはハッキリしている。

ロシアがウクライナに侵攻した今、もし、特定秘密保護法や平和安全法制が成立していなかったら、日本は国際社会の中で孤立していたろう。

安倍総理の決断であり、大きな業績であろう。

その朝日新聞が、今も先頭に立って安倍総理の国葬に反対している（毎日新聞もひどい）。

「歴史の法廷」で裁かれ、安倍総理が真っ当に評価される日は、いつ来るのだろうか。

ぼくは今、大学生の孫、倖吉にこう言っている。

「ぼくはいずれ、この世におサラバするだろう。けれど、10年後か20年後か、あるいは30年後か、安倍総理はきっと高く評価される。その時、『ああ、爺ちゃんが、あの時、あんなに熱心に安倍総理を応援していたのは正しかったんだなぁ』と思ってくれ」と。

サヨナラ、そしてありがとう、安倍総理。

本書の元になっている夕刊フジ連載「天下の暴論」や産経新聞連載「週刊誌ウォッチング」では、毎週、原稿のデジタル化で月刊『Hanada』編集部の佐藤佑樹クンには大変お世話になった。

また、夕刊フジ連載は１９９６年から26年、産経新聞連載は２００５年から17年、両編集部には長年にわたりお世話になっている。

この場を借りて、歴代担当者、関係者、何よりこれらの駄文を取捨選択、みごとにまとめてくれた産経新聞出版の瀬尾友子編集長に厚く御礼申し上げます。

令和四年九月

花田紀凱

花田紀凱（はなだ・かずよし）

1942年東京生まれ。66年文藝春秋入社。88年『週刊文春』編集長に就任。6年間の在任中、数々のスクープをものし総合週刊誌のトップに。94年『マルコポーロ』編集長に就任。低迷していた同誌部数を五倍に伸ばしたが、95年「ナチガス室はなかった」の記事が問題となり辞任、一年後に退社。以後『uno！』『メンズウォーカー』『編集会議』『WiLL』などの編集長を歴任。

2016年4月より月刊『Hanada』編集長。

著書に『「正義」の嘘　戦後日本の真実はなぜ歪められたか』『「民意」の嘘　日本人は真実を知らされているか』『朝日リスク　暴走する報道権力が民主主義を壊す』（櫻井よしこ氏との共著、産経新聞出版）、『『週刊文春』と『週刊新潮』闘うメディアの全内幕』（門田隆将氏との共著、ＰＨＰ新書）など。

安倍晋三総理が闘った**朝日と文春**

令和４年 ９ 月 28 日　第１刷発行
令和４年 10 月 ４ 日　第２刷発行

著　　者　花田紀凱
発 行 者　皆川豪志
発 行 所　株式会社産経新聞出版
〒100-8077 東京都千代田区大手町 1-7-2 産経新聞社８階
電話　03-3242-9930　ＦＡＸ　03-3243-0573
発　　売　日本工業新聞社　電話　03-3243-0571（書籍営業）
印刷・製本　株式会社シナノ
電話　03-5911-3355

ISBN 978-4-8191-1418-9　C0095